高效能
THE LOYALIST TEAM
团队

[美] 琳达·亚当斯
（LINDA ADAMS）

艾比·库尔塔·查韦斯
（ABBY CURNOW-CHAVEZ） ◎著

奥德丽·爱泼斯坦
（AUDREY EPSTEIN）

丽贝卡·蒂斯代尔
（REBECCA TEASDALE）

张亮◎译

天津出版传媒集团

天津科学技术出版社

微信扫码

本书配有智能阅读助手，
为您1V1定制《高效能团队》阅读计划

1 高效阅读
集中时间，快速
掌握提升团队效
能方法。

2 轻松阅读
每天读一点，了
解关于团队建设
的知识。

3 深度阅读
通过阅读进入实
践，让你的团队
更强大。

著作权合同登记号　图字：02-2020-221

图书在版编目（CIP）数据

高效能团队 / (美) 琳达·亚当斯等著；张亮译
. -- 天津：天津科学技术出版社，2020.8
　　ISBN 978-7-5576-8470-9

　　Ⅰ. ①高… Ⅱ. ①琳… ②张… Ⅲ. ①企业管理 – 组
织管理学 Ⅳ. ①F272.9

中国版本图书馆CIP数据核字(2020)第120979号

高效能团队
GAO XIAO NENG TUAN DUI
责任编辑：刘　颖

出　　　版： 天津出版传媒集团
　　　　　　 天津科学技术出版社
地　　　址： 天津市西康路35号
邮　　　编： 300051
电　　　话： （022）23332372
网　　　址： www.tjkjcbs.com.cn
发　　　行： 新华书店经销
印　　　刷： 北京中科印刷有限公司

开本690×980 1/16 印张15.25 字数175 000
2020年 8 月第 1 版第 1 次印刷
定价：55.00元

"对于任何想要建立出色团队的人来说，这本书都是一本必读资料。该书的观点有一个核心的前提：出色的团队建立在出色的人际关系基础上，而这种关系正是建立在相互之间的信任以及坦诚的互动之上的。该书的几位作者从他们所共事过的数以千计的团队中选取出一个个正面和反面的案例，通过这种列举的方式向读者们展现他们关于团队建设的真知灼见。作者在书中提供了详细、切实可行的步骤和技巧，任何一位团队领袖都可以借鉴这些方法来改善自身团队的企业文化。《高效能团队》一书提供了一些鲜活的范例，这些范例对公司领导者们成功应对当今的商业竞争，是非常有帮助的。"

——罗布 · 卡茨（Rob Katz）
韦尔度假村股份有限公司（Vail Resorts, Inc.）总裁

"忠诚模式在我们这里发挥了巨大的功效。它已经成为我们企业文化和价值观中核心的一部分了。我们曾接触过很多家咨询机构，最后发现忠诚模式确实效果显著，是一种非常高效的团队建设框架，该框架使得我们能够将团队集体的成功摆在团队工作的核心位置。我们只有通过互相帮助，才能够取得成功。"

——史蒂夫 · 史密斯（Steve Smith）
易昆尼克斯公司（Equinix）总裁

"在忠诚团队模式的帮助下，我清楚地认识到，想要建设一个真正成功的、具有高忠诚度的企业架构，需要身为管理者的我以及我的团队具有什么样的品质。我知道，我绝不可以把团队中每个人的动力都视为是他们现应具备的条件。"

——迈克·古德温（Mike Goodwin）
聪明宠物公司（PetSmart）高级副总裁兼首席信息官

"三视公司对我们而言，已经不仅仅是一家外部资源供应商了。它已经成为我们公司团队中不可或缺的'补充'部门。它已经成为我们公司的延伸。我们相信，三视公司已经完全融入了我们的公司组织当中，这种完全的融入确保了我们彼此在处事方法、价值观，以及期望目标等问题上的一致性。最重要的是，他们所做的工作已经对韦尔度假村公司产生了深远并有积极意义的影响。"

——马克·加斯塔（Mark Gasta）
韦尔度假村管理公司（Vail Resorts Management Company）
前执行副总裁兼首席人才官

"现在，我们公司的这支团队，是我所领导过的最棒的团队。我们的确称不上完美，但是我们在三视公司的支持和帮助下，正在非常努力地成长为一个具有高忠诚度的团队。每当我看到我们的团队面临压力时所做出的出色反应，我都会意识到，我们正在进步。在最近几个月里，我们的团队在业务方面确实面临了一些非常严峻的挑战。而正因为我们处理了这些挑战，反过来又赢得了非常重大的机遇。我们现在正在为团队筹划新的领域。这是一场十分具有挑战的竞争，我们必须采取更加果决的行动。这时候我的团队对我说：'我们坚决支持你。咱们一起努力，一定能够成功的！'这种感觉真是太棒了，我们一定会成功的。"

——恩里克·埃斯卡兰特（Enrique Escalante）
奇瓦瓦混凝土公司（Grupo Cementos de Chihuahua）总裁

"与三视公司以及忠诚团队模式的接触，给我带来了巨大的帮助。以往，当我的团队中出现消极怠工分子的时候，我本能的第一反应往往都是正面回击——但是这样的做法并没有让我取得太大的成果。直到后来，我领会了忠诚模式，并在三视公司的帮助下学会了如何应对消极怠工问题，不得不承认，这真的起到了至关重要的作用。利用忠诚模式，我能够重新思考我所面临的形势，并在考虑到行动目标、目的、驱动力以及消极怠工分子等因素的基础上，使形势向着某一特定方向发展。如果没有得到他们的帮助，我真的无法想象能够有今天的成就。"

——格兰特·维克朗德（Grant Wicklund）
信义会医疗中心（Lutheran Medical Center）总裁

"想要建立一个表现卓越的团队，最具有挑战性的一个前提就是要让团队成员之间达成深入的了解和彼此之间完全的信任。三视公司采用忠诚团队模式，帮助我们仔细分析了每一名团队成员的心理层面，进而使我们对自己有了更加深入的了解。通过运用对他人动机的积极性假定技巧，我们的团队合作达到了一个新的、前所未有的高度，进而团结一致，向着共同的成功而努力着。"

——辛迪·保尔森（Cindy Paulson）
布朗和考德威尔公司（Brown and Caldwell）首席技术官

"一个好的团队与一个卓越的团队之间最大的差异就是：卓越的团队即便在面临最尖锐的话题时，也能够坦诚相见，当面讲清楚，而不是背地里窃窃私语，而相比之下，很多所谓的好的团队却做不到这一点。在使用了忠诚团队框架之后，我们在一些尖锐问题上开诚布公地探讨，团队也已经成为一个卓越团队，正在朝着忠诚团队的目标迈进。在卓越团队中，每个人所尊重的不仅仅是其他人的观点，更包括其他人的价值观。在团队共同价值观的凝聚下，团队才有可能围绕那些最尖锐的问题展开最艰难的讨论——而这样的讨论，只会让团队变得更加强大。"

——汤姆·博斯伯格（Tom Boasberg）
丹佛公立学校（Denver Public Schools）主管

"过去，在担任团队领导者的过程中，我曾经低估了自己需要花费在团队管理上的时间，也低估了这些时间的价值。正因如此，我也得到了一些最为深刻的教训。忠诚团队模式为我提供了理论框架，让我了解到，在我的团队中，我最应该在哪些方面多做努力。我们对一些敏感话题展开坦诚的对话，对利弊权衡进行激烈讨论，花费一定的时间去倾听团队成员不同的观点，并且为了最终达成目标而做出应有的改变，有的时候，这改变甚至包括对团队的大改。正是通过上述种种的努力，我们才得以明确最终目标。忠诚团队的诞生不是偶然的，它需要我们主动去创造，需要我们在前进的道路上一步一个脚印地做出艰苦的努力。"

——苏珊娜·桑切斯（Suzanne Sanchez）
大西部金融公司（Great-West Financial）首席人力资源官

作为企业决策者都希望自己有一支"召之即来，来之能战，战之必胜"的高效能团队，带这样团队不仅省心，更重要的是这样的团队能够创造出辉煌的业绩。可以说高效能团队成为领导者一直追求的目标，但是要想让团队高效能最关键的一点要让团队的每个人忠诚于自己的领导，只有先成为忠诚的团队，才有可能成为高效能的团队。

每当我们中的任何一位成员开始与一个新的团队展开合作时，我们都会首先和对方分享一个颠扑不破的真理，那就是：任何一个团队都可以成为超凡卓越的团队。我们在一开始的时候，会让每个人都描述一下自己所经历过的最好的团队是什么样子——在这样的团队中，一切工作都应该井井有条，全队上下都在辛勤地工作着，并且张弛有度，轻松活泼，往往能够创造超出预期的成绩。

偶尔，我们团队中的四个人能够有时间聚在一起为某一个客户团队服务，但是更多的情况下，是我们当中的两三个人一起服务于某一家客户，这样的安排往往是根据客户的需求以及我们每个人所专攻的领域来决定的。我们四个人会定期聚在一起，讨论我们的工作，交流想法，并且用头脑风暴的方式思考工作策略。

最近有一天，琳达向我们描述了她刚刚开始合作的一个新团队："这个团队一共有八个人，"她说，"当我让他们每个人回忆自己所经历的最棒的团队的时候，你们猜猜，他们当中有几个人直接追溯到了自己的高中时代？"

"四个？"奥德丽说。

"不对，我猜是六个。"丽贝卡说。

琳达摇了摇头，看着艾比。

"好吧，"艾比说，"那我就折中一下，就猜五个好咯。"

"都不对，"琳达说，"他们八个人当中有七个觉得只有高中时代经历的团队才算是最棒的。有一个人说到了自己的高中篮球队，还有人说到了垒球队，还有一个人提到了曲棍球队，还有一个人谈到了自己高中的剧团。而这八个人中唯一例外的那个呢，他表示自己从未经历过一个不错的团队，从来没有。在他的回忆当中，没有任何一次，他的队员们能够彼此尊重，彼此信任，齐心合力谋求共同目标的，而这个人已经五十来岁了。"

"这位老兄参加工作已经接近三十年的时间了，在这三十年的工龄里，他觉得卓越团队的概念就像独角兽一样，是个经常被提及，却从未有人亲眼见过的虚幻的传说。"琳达说。

话音落地，我们四个人相对而坐，沉默片刻，陷入了思考。

"事情本可以不必这样的，"奥德丽说，"是的，本可以的。"

我们团队的所有成员都相信这样一件事：在一个团队中，任何人作为团队的一分子，都是有可能体验到绝佳的工作经历的，不过实事求是地说——大多数时候事实并非如此。每当我们让客户回忆起他们曾经所在的团队时，几乎所有人都会描述出一幅幅糟糕的画面。在他们的描述中，每一个团队成员之间都彼此猜疑、忌讳，团队的领导往往都是甩手掌柜，要么就是缺乏与团队成员的沟通，导致队员提出的每一个促成团队合作的想法都被扼杀。

在我们合作过的团队中，有些团队的表现接近完美，而有些团队的表现则差之千里。但是无论这些团队当下的境况是好是坏，他们都可以（或许也应该）上升到一个更高的层次。

每当我们对客户这样讲的时候，他们的脸上都露出如释重负的表情。有一次当琳达向一位客户解释这些的时候，这位客户的脸上甚至浮现出了难以置信的微笑，在他之前的观念中，他一直觉得卓越团队就像独角兽一样可望而不可即。正如曾经在糟糕团队中工作过的很多人一样，这位客户过往的经历让他形成了根深蒂固的观念，他甚至已经习惯于忍受糟糕的团队了。

在同客户进行第一次会面的时候，琳达为他们列出了一系列具体而详尽的事项，以便他们采纳实行并改善自己的团队状况。当她向客户规划整个团队改进过程并指出改进方案背后的研究和理论依据时，会议室里的每个人都身体前倾，专注地聆听着，仿佛琳达正在为他们分享的是某个家族传承了数百年的神奇秘方一样。在会谈的整个讨论过程中，琳达指引着他们逐步确定了具体的目标，并为他们指明了实现目标所需要的具体步骤。经过一天的讨论之后，每一个参与会议的人都明确地理解了自己的团队到底需要达到什么样的目标，而对于如何达到这样的目标，心中也都有了规划的路径。当然事情的成功不可能是一蹴而就的，但是他们只要在成功的道路上做出谨慎而明智的选择，就一定会在不远的将来实现目标。随着他们对忠诚团队理论日益深入的了解，他们越来越坚信，自己的团队也可以成为一个忠诚团队。而在琳达向我们讲述他们的故事时，我们也都充满了信心。

即便是那些曾经给公司的利益造成了巨大损失并给每一位成员都带来了负面影响的团队，也仍然有改进的希望。无论一个团队过去是多么的混乱，他们都不是无药可救的。我们就是挽救团队的良医。

我们曾经合作过的团队数以千计，它们遍及各个行业，地域上遍布六大洲。在任何一家企业机构、任何一个行业当中，那些业绩最辉煌的团队，也正是我们所称的忠诚团队。这些团队开拓了新的市场，是现存的所有团队的楷模，他们能够巧妙地克服重重挑战，披荆斩棘，所向披靡。他们是同行所艳羡的对象，他们创造的战略优势，是不可复制的。

在这样的卓越团队中，每一位成员都是技巧娴熟、有修养并且斗志满满的，但是真正让这个团队变得与众不同的，还是他们心怀信念，勇于面对挑战，互相激励着去完成超越预期的成就。他们彼此之间都是肝胆相照的，他们忠于团队，忠于整个企业组织。这些团队成员们在追求自身的成功的同时，也在用实际行动保证着他人的成功。他们敢于在一些尖锐的问题上坦诚交流意见，而不是回避问题，他们也不会彼此幸灾乐祸、隔岸观火。团队成员彼此之间有的只是真诚的互动与支持。无论面对多么巨大的挑战、多么艰巨的工作，队员们依然乐在其中。

有一些团队确实能够拥有如上所述的种种表现，但是却往往好景不长。只有忠诚团队才能够长期持续地创造出非凡的价值。在如今纷繁芜杂的商业环境下，面对所有团队都会遇到的种种难题，只有忠诚团队才能够从容应对，因为他们知道如何自我调节。他们知道面对问题时如何进行反思、选定方案，甚至在必要的时候重组团队。

这样的团队简直是凤毛麟角，但并不是只有少数团队才有这种可能。实际上每个团队都有可能成为忠诚团队。在本书中，我们将会向您展示如何构建并维护一个忠诚团队。我们的理论，全部来源于我们的调查研究，来源于我们的大量的数据收集，来源于我们的咨询事业，以及我们每个人过去服务、构建以及领导团队的工作经验。

缔造我们自己的忠诚团队

我们利用忠诚团队的理论，建立并经营着一家咨询公司——三视公司。我们对于自己关于忠诚团队的认识以及理论深信不疑，因此我们希望用实际行动来证明我们的理论。更重要的是，我们希望将这种理论付诸实践，造福人们。我们希望能够全身心地投入到帮助团队成员彼此成功的行动中。我们为此做出承诺，甚至建立了我们自己的财务模式，用以奖励并支持这种承诺。我们每一位团队成员所接手的客户以及项目的规模大小不尽相同，但是我们所有的项目收益在团队内部是平均分配的。其他的团队可能会仔细清算到底是谁做了哪些工作、做了多长时间并以此来划分薪酬，但是我们把所有的收益全都平均分配，这样一来，我们的共同目标就变得清晰明了、毫无争议了。

我们今天的四人团队，最早是三个人。我们团队的努力开始于大约二十年前。当时我们三人组成团队并开始了对忠诚团队理念的研究。那时候琳达已经取得了先后在多家全球知名企业领导人力资源团队里供职的成功经验。截至当时她已经在福特汽车公司、索恩 EMI（Thorn EMI）和百事可乐公司成功度过了一段职场生涯并建立起了较高的信誉度。而丽贝卡在加入团队的时候，已经通过在埃森哲咨询公司（Accenture Consulting）为各类客户所做的服务工作，获得了自己的从业证书。奥德丽在加入团队的时候，已经在非营利组织与法人组织中取得了领导地位，并为她所在的机构建立起了培训部门。那时候机缘巧合之下，我们三人各自不同的职业生涯路径在当时汇聚在了同一点——Level 3 通信公司，这是一家资金充足的技术创业公司。当时我们三人在公司中承担的任务是，创建一个全世界一流的人力资源与领导力培养部门。

当时我们与之共事的都是一些非常年轻、初出茅庐的团队领导者们，他们没有多少团队领导经验，但是却机智敏锐。我们当时的工作目标就是要训练他们、指导他们，为他们提供领导力培养方面的经验，以促进他们的职业成长。我们是他们在领导力成长之路上的一部分，这是一件非常有成就感的工作。

虽然有成就感，但也充满挑战。

随着这家创业公司的员工数量呈爆炸式的增长以及他们公司业务在全球范围内的迅速扩张，各种压力裹挟着新的要求也一并随之而来。在很多公司，当一个人处于公司内部最高领导阶层的时候，他的时间也就不再是属于他自己的了。对于一家快速成长的机构的高管而言，无论是你的年假还是你家孩子的生日，你都注定与假期无缘。如果你的公司在香港，那就意味着你一段时间内就要在香港生活了。

我们团队的每一个成员都认识到：一个企业最先需要提升业务应对能力的就是高管们。于是我们也达成共识：在业务刚刚起步的阶段，为了赢得初步的成功，就要做出一定程度上的个人牺牲。我们坐飞机到香港，随后就投身于每天都在进行的诸如"我的想法比你的想法更棒更聪明"之类的竞赛中，我们也熬过了一场又一场面红耳赤的争吵以及一段又一段剑拔弩张的"对峙"，尽管这些有可能给一个富有竞争力的企业文化带来创伤。

在年复一年的工作中，我们保持职业化的姿态，在职场上应对自如。从内心深处，我们逐渐理解了"公司美国"①的运作方式，另一方面，我们也分析了它所欠缺的一些领域。

走出职场，生活中的我们是妻子，是母亲，是姐妹，是女儿。我们和家人、和朋友、和社团之间的关系是建立在彼此信任、相互尊重以及团结协作的基础之上的。这样的关系给予我们极大的力量，远比我们所付出的要多得多。

随着我们在事业上的不断成功与进步，我们在工作中的身份与我们在生活中的其他身份之间也渐渐出现了裂痕。二者之间的裂痕日益明显，而想要将二者结合起来就显得越来越耗费精力，让人难以为继。一方面，我们每个人在"公司美国"的环境中不断应对新的挑战，取得新的成功，另一方面，我们更想要留在一个相对不那么陌生的文化环境中生活和工作。我们想要保持最本真的自我，面对家人和朋友是这样，面对工作，也是如此。

2008年，在经济大萧条最为严重的时期，我们三个人——当时每个

---

① 公司美国（corporate America），指美国现代经济体系中崛起的、在国家经济中发挥关键作用的大型企业群体。也作"美国公司"。

人都是各自家庭中收入最高的成员——决定抛开我们在公司所担任的职位，合作创业。当时我们一起投身于我们的梦想：建立一家咨询公司，在足以养活自己和家人的同时，也能够让我们有机会去践行忠诚团队模式，并把它传授给全世界各地的公司。

在当时的环境下，大多数的公司都在缩减预算的规模并舍弃任何并非必需的或者看起来并不会对公司的生存造成致命影响的事项。作为一家刚刚成立的商业咨询机构，我们当时面临的是一片荒凉的市场。然而，我们并没有放弃信念。

我们之前已经在高科技创业公司里面取得了非凡的成就。目的明确的行动，清楚地辨析哪些因素是可以接受的、哪些不可以接受，让我们自己以及团队成员们一直对高标准负责，并已建立起了一个忠诚组织。我知道，我们可以教会别人建立起一个与此相类似的、高性能的团队以及机构。

我们相信彼此，我们也坚信我们所传播的理念将会起到一定的作用。我们将公司命名为三视公司，是因为我们将会从三个角度去帮助客户机构，满足他们的需求：第一，我们能够为高管们提供训练，以提升他们的领导技能；第二，我们能够提高一个企业机构的工作效率；第三，我们能够教会团队的成员们团结协作。我们敲定了新公司的商标，并考虑设计一个美观可爱的宣传手册。但是首先，我们需要有客户才行。

当时，艾比正在全球顶尖的一家金矿开采公司——纽蒙特矿业公司担任全球人才管理部门的主管。这家公司始创于 1916 年，他们始终很好地保持着传统的企业文化——这种企业文化是崇尚竞争的文化，是敢于进取甚至有点侵略性的文化，与琳达、奥德丽和丽贝卡在过去各自的职业生涯中所经历的那种企业文化简直如出一辙。

当艾比展望公司的长远未来时，她意识到，这种企业文化需要改变。当时的艾比作为一家财富五百强企业的一名高管，本可以聘用任何一家全球驰名的、成熟完善的咨询公司来帮自己建设企业文化，但是她没有。她找到了奥德丽和丽贝卡，双方迅速便达成了忠实的互信。

纽蒙特矿业公司就这样成了三视公司的第一家客户。很快，奥德丽、琳达和丽贝卡就投身于这家企业之中了。这三位女士所带来的，是她们对于提升员工与团队工作能力的一腔热忱。她们的工作核心只有一个，那就是纽蒙特矿业公司的成功，而不是她们自己个人的成功。就这样，三视公司与纽蒙特公司联手，为这个百岁高龄的公司更新和完善企业文化。

三视公司的成就迅速被传扬开来，于是我们公司也迅速积累了庞大的客户群。这些客户机构从公司企业，到非营利机构，再到国有经济部门，地区遍布北美洲、南美洲、欧洲、非洲、亚洲、澳大利亚，甚至还有一家位于北极圈之内的公司也成了我们的客户。随着我们的业务成长，我们三位合伙人仍然坚持以忠诚理念对待彼此，也同样以忠诚理念对待我们的客户：我们将他人的成功置于我们的成功之上，我们进行开诚布公的交流，我们向人们提供支持，帮助他们不断开拓创新，不断突破新的境界。

在三视公司与纽蒙特矿业公司的合作管理进行到第五个年头的时候，艾比决定接受邀请，出任一个新的职务。这是一家总部设立在丹佛的公司，她将出任人力资源总监。在刚刚走马上任的时候，艾比对新职场生涯的种种机遇充满了乐观与信心。但是她很快就意识到，这家公司实际上到处都充斥着执行功能障碍与消极怠工的乱象。公司里的很多人都信奉着他们曾经在商学院（或者也可能是在足球场上）学到的格言："不择手段，只为胜利。""无论如何，坚守阵地。"

在"公司美国"的环境中有着二十年工作经验的艾比很清楚，这家公司可以有更好的发展思路。正如她今天在三视公司的合作伙伴们一样，当年的艾比也认为真诚与信任终将击败虚伪。她也坚信只有合作才能赢得快速的、持续的企业成长。

艾比想要继续从事她以往所进行并一直深爱着的改造领导力、改造团队以及企业文化的工作，而不是在一成不变的职场中摆出一副职业化表情，日复一日地疲于应付。她想要在取得事业成功的同时，仍然能够保持最本真的自我。

当艾比前来看望琳达、奥德丽和丽贝卡时，她认定那就是她想要的。她们在工作和生活中，做的就是最本真的自我。每天，她们所做的工作正是她们所热爱的工作，她们所展现的面貌，也正是自己本来的面貌——幽默、机智、富于创造力并且多才多艺。

于是我们四个人最终达成了明显的共识：艾比可以加入三视公司，成为我们的第四名合伙人。

我们四人一起，为全球范围内的各种各样的企业提供着各种各样的咨询服务。在我们为各行各业的企业领袖们提供咨询服务的同时，我们的工作其实也让我们每个人都能拥有独特的机会，去发现并追求自己所热爱的东西。举个例子吧，琳达经常与卫生医疗行业的客户们合作，在这一行业里，企业的风险较高，但是改善团队效能所带来的收益也是无穷无尽的。在探索患者治疗成效与医疗团队工作效率之间关系的过程中，琳达很快便发现了一个清晰明了的相关模式：当医疗团队的成员之间能够更好地团结协作的时候，患者们也能够获得更好的医疗体验。

奥德丽喜欢接手学校系统领导力培养以及其他教育行业相关的客户的服务工作。让她最感到欢欣鼓舞的，就是那一个个受任务驱动的人们。当她看到教育管理者以及教师们能够彼此挖掘每个人的长处并齐心协力提高工作效率，进而为数以千计甚或是数以十万计的学生们带来福祉的时候，她是满怀喜悦与激动的。

艾比喜欢与那些拥有着悠久的历史但是当下正面临巨大问题的大型企业合作。如果这家公司所面临的问题有着更高的复杂程度的话，那反而更会引起艾比的兴趣。艾比最擅长的就是寻找方法将领导力、团队效能和企业的业绩成果联系起来。

丽贝卡在面对任何类型的企业与行业的时候都能够应对自如。在这些行业中，她能够与那些感觉自己遇到困境无法脱身的企业领导者们合作。她非常善于帮助企业领导者们摆脱困境，让他们看到新的、广阔的机遇空间。她最擅长的就是将细小的事物联系起来，纵观全局，并为客户展示企业领导层的行为是如何塑造企业文化的。

在面对任何一个客户的时候，我们团队的四名成员都愿意像我们当年面对第一个客户——纽蒙特矿业公司的艾比——的时候那样，将我们自己作为客户企业团队中的一分子，投身于研究客户公司的体系中，并与客户一起合作，给出最强有力的问题解决方案，让他们易于应用，并能够改善团队的表现。此外，由于我们与客户之间还会建立起长期的、个人之间的联系，我们发现对于公司所提出的每个特色各异问题的解决方法和类型，都会有不同的客户表现出兴趣。

那些面临非常棘手的挑战的企业领导者们往往更倾向于选择琳达的那种直截了当但却具有移情效果的处事风格。而面对奥德丽，客户们往往希望得到启发，对自己思维和信念层面的局限性进行更为深刻的反思。她会帮助客户们跳出任何一个借口或者随便给出的答案的范畴，去认真思考造成他们团队目前工作状态的真正原因。面对那些对忠诚团队理论的知识与学术方法表现出浓厚兴趣的客户，丽贝卡非常善于引导他们，以一种高效率的方式将他们带入他们可能认为的"软话题"当中。此外，由于艾比长期以来一直在思考我们的工作在企业的战略层面上的意义，所以她用来影响客户的方法，往往是确保他们会将健康的团队与优秀的业绩成果关联起来。

自从公司成立以来，我们的所有团队成员一直都在扩展并加强着自己的能力与本领，用以帮助我们的客户达成非凡的团队目标。我们之所以坚持这样做，其中原因其实是很简单的：我们是一个忠诚团队，那么我们的每一位成员以及每一位客户之所以能够获益，则是依靠我们全方位的工作技能与才智，以及我们整个团队忠诚协作所带来的整体增效。正如我们向客户所传授的那样，正如我们在这本书中教会您所做的那样，我们的团队成员之间共享信息，彼此担负起责任，我们的每一位成员都会努力保证自己的队友不会失败。

当我们与客户合作的时候，我们往往与他们通力合作。我们会加入他们的团队之中，以成为团队成员的方式展开工作，我们会以非常高的标准对他们负责。我们有许多客户都向我们表示，自从他们与我们合作之后，他们的公司业绩都迎来了一段加速发展的时期。我们的新客户的数量也在稳步增长之中，而现有的客户们也在要求我们为他们设计更多的业务项目，训练更多的高级管理人员，并发展持续的合作关系。

企业的高管们并不一定总是能听到最真实的信息，但是他们知道，我们会对他们的假设提出质疑，会对他们所做的结论提出询问，并给予他们最真诚的反馈。

我们的客户们对我们寄予了非常深厚的信任，我们将这份信任归功于以下几个因素。首先，在当今的职场环境中，男性在企业高管中所占的数量优势是压倒性的，而相对于大多数咨询机构而言，我们作为这种环境中为数不多的女性从业者，为客户所创造的价值往往是独特的、与众不同的。三视团队的成员们向人们展示的形象，从来不是一种唯我独尊的、从头到脚带着一种傲慢气场的领袖型专家的形象，我们更不会动辄以"你就应该这样做"的方式向客户发号施令。

我们的团队展示给人们的形象是一群带有关照情怀的权威人士。在经历了数十年的研究之后，我们已经深谙团队的内部动力学原理以及职业发展之道；我们知道哪些因素是可以利用的，哪些因素是不利因素。我们相信我们自己的能力，我们并不急于向别人去证明什么。而正因为如此，我们也不会把和客户的讨论变成一场"我的思想比你的更高明更出色"的辩论然后去争强求胜。既然我们不会咄咄逼人地进攻，那么相应地，我们的客户也就不用采取防守姿态，就可以和我们开诚相见了。

每当我们团队中的任何一位成员进入客户公司的董事会或者管理团队会议的时候，她都很可能是在场唯一的一位女性。更重要的是，她进入会场，一定是持有一种完全从容不迫的、本真的姿态，并且对自己的角色与任务了如指掌的。她知道，自己有着独特的价值，可以帮助这个团队迈向前进，她知道那就是她的目标。正因为这份清醒的认识，会议室里的每一个人才能够消除戒备、开诚布公地参加到会议当中，进而为一场真诚坦率的讨论以及日后的切实进步创造了条件。

我们团队的四名成员都是以客户团队的需求为出发点展开工作，我们会认真研究客户团队的内部动力学原理，而不是先入为主地进行任何预判。我们会向客户提出开放性的问题，并倾听对方的答案。会议室里的每一个人——无论是客户还是咨询师都一样——都知道我们要听到的答案并没有什么对错之分；正因为这一点，客户才能够向我们提供他们的真实经营数据，而这样的数据才能让我们做出更加明智的决定、采取更加理性的行动。

我们从来不会觉得有哪一个成功人士或者任何成功团队是可望而不即的。我们知道，只要拥有了正确的方法以及适当的资源，每一个人、每一个团队、每一个公司团体都可以实现业绩上的提升。而我们赖以实现目标的那些方法与资源，就深深植根于忠诚团队的理念当中，植根于我们三视团队的几位合伙人每天都在身体力行着的理念当中。面对客户的时候，我们努力去分享我们的工作热情，为的是让其他人也能够感受到供职于一个忠诚团队中所带来的力量和喜悦。而在我们这本书当中，我们也会向读者朋友们讲授同样令人受益匪浅的课程。

在第 1 章中，我们将会对忠诚团队理念做一个总体的概述，介绍四种典型的团队类型，并且介绍分别属于四种类型的四个案例。在第 2 章中，我们将会向读者展示如何诊断自己团队所属的类型，并向读者提供自行诊断团队类型的有效方法。

第 3 章到第 6 章的内容，是对每一种团队类型的深入探讨。我们将会重新分析我们在第 1 章中所列举的团队案例，并在此基础上增加第二案例，以此来展现每一个团队类型的范畴内部所存在的多样化与差异性。举例来说，所有的消极怠工型团队当中都会至少存在一名这样的员工：他 / 她认为自己的成功只能是建立在他人的失败的基础之上的。而这种观念所造成的种种影响却往往不尽相同，因而对不同的怠工型团队来说，解决各自团队问题的关键点也就有所不同了。

此外，我们也试图通过增加一些团队案例，用以回答我们经常需要面对的一些客户疑问。例如：我的团队事实上已经是一个跨国规模的团队了，我们能够成为忠诚团队吗？或者说：我供职于一家非营利组织，我们的员工们都全身心地投入到工作当中，这么说来，我们团队是一个忠诚团队吗？再比如：如果我觉得我的上司本身就是一个消极怠工分子，那我该怎么办呢？

在第 3 章到第 6 章中，我们将对以上问题做出回答，并且为团队的领导者以及团队的普通成员提供切实可行的指导意见。

我们在这几个章节中所列举的公司团队案例，是在综合了我们以往与之合作过的客户团队真实案例的基础上形成的。我们所列举的案例中，人物都使用了化名，公司团队的名称以及其他细节也都做了适当改编，以便我们能够放心大胆地讲述关于这些团队的真实故事。我们将众多不同团队的特征集中融合在本书的一两个例子当中，为的是向读者朋友们呈现出最具参考价值的案例，进而展现出每一种团队类型最为突出的典型特征。当然，我们三视团队的四位成员中，每个人都曾经单独与这四种团队类型的客户共事过。所以，我们将现实中的团队故事加以融合，创作出一个个集中复合的团队故事，这也使得我们能够向读者朋友分享我们三视团队所有成员的集体智慧成果。我们更希望，读者们在通过第 2 章的内容认识到自己以及自己所属团队的类型之后，能够通过第 3 章到第 6 章的内容，对自己的团队有更深一步的了解：你的团队为什么会形成如今的运行模式？想要让自己的团队朝着更加高效高产的方向迈进，你需要采取什么样的方法及步骤？

多年来，我们一直致力于观察并记录那些表现卓越的团队所拥有的共性的特征。我们创造了一种评估工具，使得我们能够对这些特征进行定量以及记录。我们将收集到的所有评估记录集成到一个数据库中，然而在随后进行数据分析的时候，我们得到了惊人的结果。忠诚团队的这些特征和特性与团队业绩结果之间的联系是如此的紧密，以至于任何一个满足了这些特征的团队以及团队中的任何一位成员，其表现都不会丝毫逊色于此。在第 7 章中，我们将会分享我们关于这个问题的统计数据，这些数据支持了我们的论点，告诉我们为什么我们能够并应该鼓励我们的团队朝着忠诚团队的方向发展。在第 8 章中，我们将会为忠诚团队的塑造再做一份努力，我们将会对人们经常提出的一些问题做出回答，并且指出一旦你的团队成了忠诚团队，那么你将要如何维持它。

正如我们在实践中一直努力去做的那样，在这本书中，我们努力将建设一个高效能团队所需要掌握的关键原理变得简明易懂，因为以往的那些超凡卓越的团队，他们所依靠的也并不是什么魔法或者高深科技。在经过许多年对团队数据的收集整理之后，我们可以确凿无疑地告诉你：我们的原理是真实有效的。只要你学习掌握并实践忠诚团队的行为模式，那么你就能够极大地改善你们团队的业绩表现。

以上的道理，对于每一个团队中的每一个人都是真实可行的。无论你是团队领导者还是普通的成员，你都可以使用本书当中所勾勒出的行动方案去改善你们团队的业绩。无论你面临着什么样的队友，无论你面临着多么困难的处境，无论你怀着多么大胆的目标，你都能做到。

那么，让我们开始吧！

目 录

1

团队的四种类型

最出色的团队往往会将事情做得行云流水、举重若轻。他们以高超的水平、一致的步调团结协作，以至于就好像团队中的成员们是一整个有机体，而不是一群来自不同背景、有着迥异个性的个人。有时候这样的团队在局外人看来，就好像是一群技术老练、天赋异禀的人聚集到一起，毫不费力地将各自身负的技能与天赋糅合在了一起。

如果事情真如看起来那样，好的团队不需要做什么努力，那么建立一个高效能团队就变得极其简单了：你只需要找到一群聪明人，把他们凑到一起然后说一句"开始"就行了。但是事实上，事情当然没那么简单。我们都曾经亲身经历或者至少曾经目睹过这样一些团队的故事：一群才智

非凡的人聚到一起，轰轰烈烈干事业，结果到最后却以失败收场，有时候连失败也是轰轰烈烈的。这些失败的团队到底是因为缺失了什么成功要素呢？换言之，那些飞黄腾达的成功者与那些失败者之间到底区别何在呢？答案肯定不只是"幸运"或者"时势造英雄"那么简单。

　　创建一个高效能的团队，就像建造一座壮观的摩天大楼一样。也是要遵循一些物理学法则以及工程学原理才能成功。反之，如果一个团队采取了某些特定的错误模式，那么他们也将不可避免地迎来失败。

　　任何一个团队，无论是最低效能的团队还是最出色的团队，无论是最终瓦解的团队还是取得成功的团队，他们的成功与失败的路径无一例外都是特定的、明确无疑的，并且是可以复制的。我们已经和数以千计的团队打过交道，这些团队都可以归列到四个特征鲜明的团队类型当中。

当团队中混入一个消极怠工分子

　　蒂姆·巴尔内斯（Tim Barnes）来到了加利福尼亚州（California），他已经迫不及待地想要执掌大权，领导北极星金融服务公司（North Star

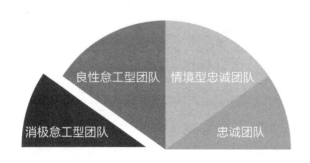

Financial Services）驻洛杉矶市（Los Angeles）①的分公司了。他作为一位来自圣塔莫尼卡市（Santa Monica）②土生土长的当地人，之前是因为求学的缘故迁居到美国东部，并在华尔街开始了自己的职业生涯。经过了二十年的职场打拼，他已经建立起了稳固的行业声誉，大家都知道这个人有能力将各种各样的人团结起来，共同朝着一个目标努力，并取得非凡的业绩。不断地有猎头找上门来，向他介绍纽约（New York）、伦敦（London）以及香港等地的工作机会，但是这些都没能让他动心。

因为北极星公司的这份职位给他提供了更具有吸引力的条件：他，终于有机会重归故里了。这是一家已经颇具规模的公司，而且据纽约的那些从事企业管理的同行们介绍，这家公司位于洛杉矶的分公司虽然在业绩上稍稍逊色，但是团队还是非常团结一致的。

然而在刚刚走马上任的第一个星期，蒂姆就对他之前所听到的那些评价表示怀疑了。

上任第一天，蒂姆把他的团队成员们叫到会议室里开会。"我很高兴能与在座的各位一起做事，"蒂姆开场说道，"实不相瞒，这次会议之前我并没有准备什么详细的会议议程。我召开这次会议就是想要倾听各位的声音，我想了解你们最关心的问题和最感兴趣的事情。"

他的新团队没有人吭声，回答他的只有沉默。会议室里静得蒂姆都能听见墙上钟表的声音了。

他再一次尝试破冰："说心里话，我是真心希望咱们能够开一次非正式的小会，这样我就能够跟上咱们分公司的脚步，跟上咱们团队的脚步，跟上公司业务的脚步了。"他环顾四周，发现在场的人当中有几个人面带着迟疑的微笑，有一个人一脸茫然，还有不止一个人在低头钻研着会议桌上的木头纹理。

"拜托啦，给我这个新来的帮帮忙嘛。"蒂姆说着，然后再一次地环顾四周。

终于，马特·斯通（Matt Stone）打破了尴尬的气氛。他看起来差不多和蒂姆同龄，有着一头浓密的深色头发和一双深绿色的眼睛。

"我想您很快就会发现，我们其实也非常乐意和您一起做事。"马特说道，"如您所知，我以临时总经理的身份经营这家分公司已经有六个月的时间了，我认为我可以代表我们所有人说几句话。我们已经积累起了良好的工作势头，而且我们都迫不及待地想要听一听您的高见，想知道您将会如何维持甚或是增进我们团队的这种势头。"

蒂姆决定暂时对这些话不做任何正面回应，于是他继续拿出他在会议刚开始时候的那种平易近人的语气说了下去。他向员工们讲述了他早先的职业生涯，他以前所担任过的一些职位，以及他的成长经历——他的妈妈带着他和两个兄弟住在一间只有两个卧室的公寓里，公寓距离妈妈的工作地点只有约 1.6 千米的距离。"我的母亲至今还住在那里，"他说，"这次能够回到家乡，我真的心怀感激。"

在一番真情流露之后，蒂姆再一次试图唤起会谈的气氛，然而他得到的仍旧是少得可怜的回应。于是他早早结束了会议并开始尝试改变策略，他决定要一个一个地认识并了解他的团队成员们。那天晚上，分公司的办公区里一片死寂，蒂姆正在办公大厅里闲逛，这时候他发现乔治（Jorge）正坐在自己的工位上。

"嘿，我能占用你一分钟时间吗？"

乔治把旁边一把椅子上的一叠材料拿走，说："当然可以，请坐。"

"谢谢。"蒂姆说，"我现在正在努力弄明白咱们这个团队是怎么运转的。你能不能跟我介绍一下你现在正在负责的工作以及你认为做得比较好的方面呢？"

乔治开始谈起了各种不同的项目，他对这些项目都了如指掌，说得非常详尽，包括具体的时间进程以及数据。然而在谈话的过程中乔治却始终没有提到他的同事们，于是这位新来的上司就问道："你们这里的人际关系——比如你们团队成员之间的关系以及你们和纽约总部的关系——怎么样呢？"

"呃，"乔治说道，"实际上自从上一任总经理离开这里之后，我们的日子过得确实有点艰难。完全变成了政治气十足的官场。"

蒂姆点了点头，然后简单地随声附和了一句："哦，这样吗？"

乔治开始有点放松了，于是就聊起了马特的团队领导风格。"据我们的观察所见，他经常跟纽约总部通电话。"乔治说，"我们对他所从事的工作实在是一无所知，因为他根本不和我们团队里的其他人分享信息。"

蒂姆再一次点头，乔治继续说着，一开始他的语气还是很慢的。然而，随着蒂姆一再允许他继续说下去，乔治感到越来越放松舒适，直到最后，他终于吐露了真言。"说实在的，"他说道，"我一点也不信任马特。要是有哪一天他把工作失误的责任推卸到我们所有人的头上，或者说有哪一天他把我们团队所有人的功劳都据为己有的话，我一点也不会感到吃惊。"

两个人一直畅谈，直到最后意兴阑珊。蒂姆感谢乔治的坦率，并说道："我们该回家陪陪家人了。咱们明天再见。"

在开车回家的路上，蒂姆回想起了与乔治相谈甚欢的融洽气氛，又把它和团队第一次会议上的尴尬气氛做了对比。第二天早上，他开始计划着与团队中其他成员进行一对一的约谈会面了。他邀请团队里的每一位成员单独在办公室外会面，要么一起吃早餐，要么一起喝咖啡。在接下来的一周时间里，他与那些直接向他汇报工作的团队成员一一见了面，并专注地倾听着他们的意见。

每一次的谈话在开始的时候都进展很慢，然而到最后却都能够得出一些相类似的结论：

有人说："我们团队之前要比现在团结得多，我们成员之间也会彼此互相关照，服务彼此的客户们。但是在最近的几个月里，我甚至都不知道其他人正在做些什么事情。"

有人说："我们这个团队并不怎么像一个团队。更准确地说倒像是一个尔虞我诈的擂台，而马特就是这里的擂主。"

还有人说："现在的局面，给人的感觉就像是人人自扫门前雪。我都不知道自己还能不能够再去相信团队里的任何人。自从他们（总部）把马特调过来管事之后，我甚至对整个公司都不信任了。"

蒂姆感到有些担忧，但是却并没有过于惊讶。毕竟像这样的情况，他以前也不是没有经历过。尽管团队中的这些成员们都是处在一种受害者的模式当中，但是至少他们似乎还是真心地希望事态发生改变的，而且在向他人倾诉当前状况的时候也几乎是一种如释重负的感觉。

至少现在的局面还是不错的，直到蒂姆最后约见了马特。

在公司附近的一家餐馆里，马特迫不及待地向蒂姆分享了自己的经历。"为了维护这个团队的团结，我真是费尽了心力。"他说，"团队里的成员们都是很聪明的，可是他们在责任心方面却有着种种问题。他们就是完不成既定的计划。"

蒂姆啜了一小口咖啡，问道："您能跟我详细地说说吗？"

接下来马特说得真的非常详细。关于团队里的每个人，他都有要发表的评论。关于他们的种种坏毛病和违规行为，简直事无巨细全都说了一遍。"但是你不用担心，"他说，"我会支持你的。我会用我一切的办法帮助你克服这些困难。"

蒂姆对马特的热情表示感谢，然后起身回办公室去了。他给纽约总部打了个电话，请求总部解释一下为什么当初会挑选马特来作为临时总经理领导这个分公司。在大约十分钟的通话中，人力资源部门的负责人谨慎地向蒂姆告知了这个人的背景信息，而这些信息更证实了蒂姆的怀疑。公司高层知道马特这个人是傲慢自大的，但是同时他们也知道这个人有着很强的侵略性：这样的人至少能够促使团队完成任务，成功交差。

或许前任经理在位的时候，能够抑制住马特这种比较具有破坏性的倾向。再或者当时那位经理面对这些毛病也只是宽容隐忍。蒂姆不得而知。但是他明确地知道，如果保持当前的状态，那么这个团队是不可能以他想要并期望的效能运转起来的。

仅仅在走马上任几个星期之后，蒂姆就打来电话向我们求助了。

我们同蒂姆进行了一段时间的谈话，并随后访谈了他们团队中的每一位成员。没过多久，我们就意识到，在马特的领导下，团队中的其他人都已经进入到了一种"自我保护"的模式。每一位团队成员都处于草木皆兵的状态，时时刻刻小心谨慎地保护着各自手里的那一点信息与资源，将其作为自己的私产。所有的员工都与纽约总部失去了联系，他们也接触不到公司的更高层面的经营理念。所有人每天疲于应付，为的却仅仅是自身的生存而已。

以邻为壑、互相猜忌以及自我防卫，这成了大家通用的策略。而团队里的每一个人——除了马特之外的每一个人——日子都过得很艰难。

所以说，这样的一个团队，其工作效率处于接近停滞的状态，也就在意料之中了。我们观察发现，通常每当一个团队里的成员对团队本身缺乏信任的时候，就会出现这种急转直下的情况。当一个人不知道能够相信谁的时候，他就会陷入自我保护的模式中。他们就会专注于处处设防并努力保住自己的饭碗，不求有功，但求无过。在我们与北极星金融服务公司合作的过程中，我们看到了一个消极怠工型团队的行为模式，看到了这种行为模式的所有要素及其后果：团队业绩指标没有完成，公司业绩指标没有完成，员工们人人自危，不知道自己还能混多久。

遗憾的是，在我们曾经遇到过的所有团队当中，有多达五分之一的团队是这种情况。而我们并不能去挽救其中的每一个团队。尽管我们深信每一个团队都有能力成为一个忠诚团队，但是只有当团队的领袖以及全体成员们都愿意为之努力的时候，这一目标才有可能实现。

不过北极星公司的这个团队还是愿意做出改变的。在后面第3章中，我们还会提到这个团队的案例并向读者朋友介绍更多关于这个消极怠工型团队的情况。正因为团队中出现的消极怠工分子往往并不是某一位团队成员——有时候团队领袖本身就存在问题——所以我们将会介绍另外一个团队的故事,该团队的内部运行机制有所不同,但是却同样危险。

在我们以往所遇到的团队之中,消极怠工型团队的比例占到了 20% 之多。通常情况下,这种团队里的人们就会选择退出、辞职,或者找到新团队去另谋高就,因为待在怠工型团队里混日子实在是一件令人难以忍受的事。

当怠工型团队呈现良性

简·胡(Jane Hu)和彼得·汤普森(Peter Thompson)发现他们正处于一种看不到希望、令人不快的境遇当中。长期以来,他们两个人的关系既是对手也是朋友。简是来自斯坦福大学(Stanford University)的一名研究生,她一直了解并敬重彼得的工作,甚至还曾经与他合作完成了一篇研究报告。简被彼得的智慧所折服并对彼得怀有一定的好感,以至

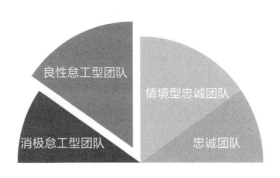

于她会开玩笑说，彼得以前屈尊就读于东海岸的一座不起眼的学府[①]，真是一件悲伤的事。

彼得来自麻省理工学院（MIT, Massachusetts Institute of Technology），就读于高等学府的他一直敬重简的职业道德以及富有创造性的思维。而简也知道这一点，因此很多时候，彼得就会在给简发的短信中附上一个眨眼和微笑的表情。"简，"他会说，"看来加州的阳光已经照进了你的头脑。要是你能够接受更为严谨的学术训练，你一定能为这个领域做出巨大的贡献的。"

他们两个人在同一年拿到了各自的博士学位，他们对计算生物学有着共同的兴趣爱好，并且之后分别就职于相同类型且有一点竞争关系的两家公司。简选择共事的伙伴叫作戈登·斯特里特（Gordon Street），这是他在斯坦福大学的一位校友，他研究计算机领域与基因工程，那时候将二者结合起来的想法还远没有在市面上流行开来。戈登作为为数不多的先驱者之一，他意识到先进的计算技术将会极大地促进人们对医药学的研究。他创办了 G·斯特里特科技公司（G Street Technologies），这家公司为制药公司提供着位于前沿水平的分析基因组研究成果。简供职于这家公司，担任首席技术官的职位，她非常热爱自己的工作，很高兴能够与这家位于硅谷（Silicon Valley）的蓬勃发展中的公司一起描绘全新领域的蓝图并不断去开拓新的市场。

与此同时，彼得留在了马萨诸塞州，他公司的老板是从麻省理工学院

---

① 译者注：根据文章推断，这里应该指下文提到的麻省理工学院，该学院位于美国东海岸。

退休的一位教授，这位教授此前已经成了一个连续创业者了，每隔三五年就会创立一家新的公司。他的公司名叫马斯科技公司（Mass Tech），这家公司非常的小以至于彼得一个人就可以兼任其中的运营部门以及技术部门的总监了。他们的团队运作非常具有策略性，每一步动作都经过深思熟虑，他们还确保每一项新的技术在真正投入市场之前都要做到无懈可击。

简和彼得，这两个人都堪称这一领域中的杰出人物，他们在一些会议上往往能够看到彼此的身影，尽管身处异地却时时关注着彼此的工作。

直到有一天，他们两人搬进了同一家办公楼，同处于一片屋檐之下。

随着 G·斯特里特科技公司所面临的服务需求越来越多，戈登开始想要寻求一家能够与之兼容合作的公司，以便他能够更充分地施展自己的才华。戈登想到马斯科技公司的总裁可能正在考虑出售公司然后继续进行再创业。于是他拨通了对方的电话，开始了谈判，并且很快成功地将马斯科技公司纳入到 G·斯特里特科技公司的麾下。

就这样，简和彼得在各自的职业生涯中第一次成了同事，开始向同一位老板汇报工作，并且工作和生活在同一座城市——帕洛阿尔托（Palo Alto）。在接下来的几个月时间里，成为新同事的二人之间的关系看起来却更像是竞争对手而不是多年老友。两人各自领导着一个团队，团队中的人都是专业领域的天才，他们有着各自不同的文化背景。彼得的员工们继续留守在波士顿，穿着 20 世纪 90 年代的高级商务休闲装每天优雅地上班下班。而简的团队成员们每天则穿着运动鞋和 T 恤衫就去上班了，开会的时候还会互相吵得面红耳赤不可开交。这样一来，每当两地的员工一起举行视频会议的时候，问题就出现了：彼得那边的团队成员都很有礼貌，他们往往会等对方说完话，然后再轮到自己发表意见，可这种礼貌的说话方式在对方的讲话方式下简直处于极端的弱势。随着公司的规模越来越大，客户的需求越来越多，这种沟通的压力也就逐渐累积了起来。每个人都很清楚，这对自己的职业生涯将会是一个极大的机遇。他们中的任何一人在之前的职场中都不曾失败过，所以他们都害怕自己会在这里迎来职业生涯中的第一次失败，并因此断送大好的前程。

于是在每一次团队间会议以及每一次互动的过程中，这种压力都会像一股暗潮一般汹涌地流淌着。终于有一天，在度过了充满压力的一星期之后，简走进了彼得的办公室，她要进行一场此前她曾一直试图回避的谈话。

"咱们这儿到底是怎么了？"她问道，"为什么事情会进展得不顺利呢？你我都潜心于工作，都知道团队需要做什么。但是还是感觉有些东西不对劲。"

彼得对简的看法表示同意，但是也拿不出一个解决方案来。"我知道。"他说，"对能够加入G·斯特里特科技公司这个机遇，我的团队以及我本人都感到非常振奋，然而现在，我们却有一种也许我们并不属于这里的感觉。"

简马上表示了否定。"哦，不是的，我们每个人都很喜欢你，我们也都觉得你的团队是极其有才干的——我们真的很高兴你能来这里与我们共事。"她说，"但是现在的情况，我确实觉得我们之间的合作没有那么流畅。每个人都待在自己的小圈子里，好像波士顿的伙伴们更容易团结起来。当然，这或许是我一厢情愿的理想化观点吧，不过我还是觉得如果想让大家拧成一股绳，其实很容易。"

彼得点头说道："我同意你的看法。"接着他说："现在给人的感觉是紧张的情绪正在酝酿之中，事态正在朝坏的方向发展。我们对每个人所掌握的资源并没有足够清晰的认识。我的团队成员们现在都在努力做他们认为正确的事情，并且一直把全部心思放在自己手头的任务上。我本人也是这样。我不想管得太宽以至于触怒你，但同时我确实看到，在很多地方我们其实可以互通有无做到更好。"

随后，彼得打了一个电话给他的老上级——就是那个已经在多家企业担任总裁的麻省理工学院教授。"你知道，"这位老人说道，"戈登是真心在追求企业的发展的。你和简是不能指望单单通过你们两个人的力量来解决这个问题的。你们两个都忙于工作分身乏术，你们两个也都没有义务把两家公司融合成一个整体。更何况，你们还并没有得到上级的指令来做这件事。"

在兼并了竞争机构之后的十二个月里面，戈登发现这家公司的收益开始停滞不前甚至开始下滑了。当时他的董事会中有一位成员，这是一位经验丰富的总裁，多年来，他曾经手兼并过很多家公司。这个人告诉戈登说，他确信问题来自公司的内部——换句话说，戈登当时正忙于寻找外部因素，而没有集中精力把马斯科技公司真正融入 G · 斯特里特科技公司中来——而直到公司兼并过后许久的现在，整个团队还没有形成同心同德的局面。这位董事会成员建议戈登把更多的精力放在带领和管理团队上面，并建议他向我们求助。

当我们对 G · 斯特里特科技公司进行评估的时候，我们很快便意识到这个团队已经成了一个良性怠工型团队。在这种类型的团队中，人们都只是相安无事和平相处。他们往往共同掌事，他们可以共进午餐。他们彼此之间可以维持积极乐观的人际关系，尽管这种关系可能只是流于表面。同事之间并没有相互的恶意以及不良动机，然而这个团队却始终不能发挥最佳状态。

每个人都知道团队里出了问题，即便他们并不能够准确地指出问题出在哪里。

在我们找团队成员进行约谈的过程中，这些人都没有说团队中有任何人存在恶意针对自己的攻击行为。大多数的时候，他们只是觉得没有被有效组织起来，合作得不是很好。人们都在以安全模式自处。这时候我们发现团队的领导者们可能并没有让下属们达到足够高水平的团结，或者说面对团队中的低强度的冲突干脆视而不见。

在良性怠工型团队中，团队成员们的表现，正如我们在新晋的G·斯特里特科技公司员工们身上看到的一样：他们只顾着埋头干活，完成自己的工作而已。他们不会为整个团队的健康承担任何的责任，他们也丝毫不关心团队成员彼此的成功。

这种"做好本职，其余不问"的处事策略可以在一定时间内奏效，但终究不是长久之计。

G·斯特里特科技公司所拥有的员工，都是这个新兴产业中头脑最为聪明的人。仅仅就简和彼得而言，这家公司就已经拥有了两位杰出的科学家以及强有力的团队领袖了。然而由于公司管理团队的一分为二的局面，公司员工的过人才智并没有达到应有的集体效果，还有很大的潜能没有发挥出来。换句话说，公司目前的总体成就小于各部分价值之和，进而也就无法开拓创新，无法抢占先机去面对未来的机遇和挑战。可以说这家公司的未来前景已经危如累卵了。

在第 4 章中，我们将继续为您讲述这个团队的故事，届时我们还会为您讲述我们与另外一个良性怠工型团队合作的经历。

在我们所观察过的所有团队当中，有30%的团队属于良性怠工型团队。其中有一些团队是由于企业兼并或者收购而在仓促之间拼凑在一起的新团队，就像 G·斯特里特科技公司的团队那样。而还有一些团队则是几乎没有什么内部联系的。当今时代有越来越多的企业和机构依赖于远程交互办公以及网络虚拟的全球团队，而正因如此，他们也在面临着越来越大的风险：他们一手建立起来的团队，存在着沦为良性怠工型团队的可能。

当一个团队有条件地显现忠诚状态

凯瑟琳·莱恩（Kathryn Lane）一直是一个战无不胜的天生赢家，早在孩提时代就已经是这样了。她的爸爸是一名诉讼律师，她的妈妈是一位政治顾问，而她的两个哥哥甚至每天早上都会比赛谁先起床下楼。为了

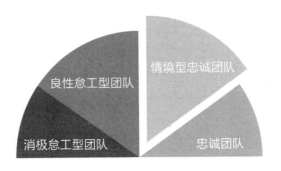

能和哥哥们玩到一起，凯瑟琳在自家的私人停车场上学会了打曲棍冰球，学会了接垒球以及投篮。她的身高只有约 1.7 米，但是她的能力却远大于她的身高，她的篮球技术非常棒，以至于当她还在读高中二年级的时候，就已经有大学的学生们经常来找她一起打篮球了。

在高三的时候，凯瑟琳在仔细慎重考虑过所有的可选项之后，选择接受了密歇根大学的体育奖学金。她喜欢密歇根大学的篮球教练，想要让自己在学术方面和体育方面同时得到长足的进步。她选择就读于工程学院，四年后，她以全班级第一名的成绩毕业并拿到了机械工程学的学士学位。一开始凯瑟琳的规划很简单，就是去意大利当一个职业球手。然而她意识到自己还是想要离家乡近一点，并开始迎接一段新的挑战。她想要开启自己的职业生涯，她知道自己的目标在哪里。当时刚好有一个现成的行业向她提供了工作的机会，这似乎是上天安排的考验，考验她处理象牙塔外真实世界的问题的能力。汽车行业没有那么多理论化的东西：他们的任务是把人和货物从一个地方运送到另外一个地方，并保证经济的运转流通。凯瑟琳参加了一些汽车公司的面试。在听取了学业导师向她提出的建议之后，她也开始参加汽车零部件生产企业的面试了。最终，她收到了两份入职邀请，正如往常一样，她还是认真谨慎地权衡着各自的利与弊。如果选择在一家汽车生产公司担任一份工程师的工作，那么对家人将会是一个很好的交代。这样的职位也会提供很大的稳定性，不失为进入职场的一个平顺的入口。凯瑟琳业信心满满地认为自己完全有足够的能力来胜任这份工作。

然而，ATR 汽车零部件生产公司（ATR Auto Parts）提供的一份销售岗位的工作听起来却有着很大的挑战性。这份工作显然具有更大的风险性，但是也存在着更大的潜在价值。不过凯瑟琳同样觉得自己在这个岗位上也是有很大胜算的，她希望自己的工程学专业背景能够让她在客户面前的可信度有所增加，并且能够让她在推介公司产品的时候具有更多的权威性与话语权。她同样也很喜欢 ATR 公司，因为正如汽车公司一样，这家公司也拥有着全球范围内的广阔业务网络，拥有着 140 亿美元的年销售额，以及悠久的企业历史。从 ATR 公司这里，凯瑟琳能够看到发展的机遇，这样的机遇能够让她学到销售这项新的技能，同时这也是在任何企业中学习至关重要的一个方面。

凯瑟琳选择了 ATR 汽车零部件生产公司，但是她几乎马上就意识到：自己还是喜欢跟客户打交道并且向客户说明关于自己公司产品的信息。更重要的是，她热衷于挑战自我——总是力图取得超越上个季度的成就，甚至努力在下一个季度追求更高的目标——然后再将自己的工作业绩数据与公司内部的其他销售人员作对比，甚至与同行业的其他公司员工一较高下。

在进行第一次年度总结的时候，凯瑟琳的上司赞扬了她的一些品质，"有条理性，做事有方法并且很有闯劲"，并且举荐她担任美国中西部地区销售团的主管。随后，在短短五年的时间里，凯瑟琳一路高歌猛进，最终成了这家底特律的汽车公司在整个北美地区销售团队的总监。

卡尔·霍尔（Carl Hall）是凯瑟琳销售团队的新成员，他负责监管公司在美国南部地区的销售业务。正如凯瑟琳一样，他也有着强烈的竞争倾向，对事情的每一个细节都密切关注。凯瑟琳之所以招纳卡尔，实际上是因为之前在历次汽车展览会上，已经有很多人向她提到过这个人了——

"你一定得见见这个人，他真的很像你。"

卡尔在前来入职之前，在赛车领域拥有着非常棒的过往销售业绩，甚至拿到了非常棒的推荐信。全国运动汽车竞赛协会（NASCAR，National Association of Stock Car Auto Racing）的那些赛车手们对卡尔青睐有加，他们都说，他们需要依靠卡尔才能跟自己的机工长沟通合作。而卡尔也终于来到了 ATR 汽车零部件公司。

凯瑟琳很高兴看到卡尔与团队里的每一位成员接触。他召开会议，询问关于最佳的过往案例的信息，并探索能够让自己更好地与客户建立关系并为客户服务的方法。在团队会议上，他也并不会表现出害羞和胆怯。当卡尔听到别人的发言中有什么不太合理的地方，他就会直截了当地指出来："我不同意，以下是我的理由。"

凯瑟琳听取其他团队成员的发言时，总是能够从他们身上感觉到些许的迟疑，她常常希望这种现象只是暂时的，今后会有所好转。而如今，卡尔的加入让凯瑟琳看到了事情的较大转机。

在上任六个月之后，卡尔有一次乘坐飞机抵达底特律，在傍晚时分来到了凯瑟琳的办公室里。

"我能占用您一点时间吗？"

"当然可以，"她说，"你有什么想法呢？"

当卡尔在他发言的一开始表达出他是多么尊敬自己的新同事的时候，凯瑟琳知道，这一切的后面很快就会接上一句"但是"。

"就是有一点，我觉得咱们的会议就像是一场表演一样，"他说道，"每个人都是那么的彬彬有礼。我们在面临一些难以决定的问题的时候，并不会就此展开激烈的讨论，也不会真正去钻研这些问题。我知道咱们这个公司是积极进取的，该做决定的时候一定是当机立断的，那么，这些决定都是在哪里做出来的呢？那些能够产生重大决策的谈话，都是在哪里发生的呢？"

凯瑟琳让卡尔举出几个例子来，而卡尔也确实能够描述出几个这样的事例，而且说得很详细。他从取消实习生计划的决定开始谈起。当时在前一场会议上，每一个人似乎都是同意雇用实习生的，然而在随后的一场会议中大家却得知这个实习生计划被取消了，这中间并没有经过任何的讨论。

"还有关于公司合作伙伴关系的新战略，"卡尔补充说道，"我们什么时候讨论过要把哪些企业纳入到我们的战略目标中呢？看起来似乎这些决策的制定完全没有经过任何的讨论与商议，就这么定了。"

在听完卡尔讲述的三四个案例之后，凯瑟琳打断了他的讲话。她已经听得够多了，而且已经明白卡尔说的是对的。

"谢谢你，卡尔。"凯瑟琳说道，"我很欣赏你的坦诚，我需要好好考虑一下这件事。"

卡尔确实表现出了高度的坦率，而他这次的所作所为让凯瑟琳看到了一些之前自己从未意识到的事情。她意识到，卡尔刚才所提到的那些重大的决策，其中任何一个都是在她的办公室里由她一手完成的。做出每一个重大决定之前，她都是叫来一个团队成员，让他坐在刚才卡尔坐着的这个位置聊一聊，或者更多的时候仅仅是打个电话聊一聊，然后就做了决定了。她感觉一直以来自己就像是一个控球后卫那样，与自己的队员们聊一聊天然后就独自一人撑起了全局。ATR 汽车零部件公司的整个北美销售团队，从表面上看似乎是团结协作的，但实际上每一个人都得依赖于凯瑟琳的指导才能行事。

后来某一次，凯瑟琳有机会跟团队中另外一位经验丰富的成员聊天的时候，她说道："我们的团队里加入了一双新的眼睛，这真是非常棒的事情。卡尔看到了我们团队内部的一些危机与挑战。"

然而对方的反应却让凯瑟琳大吃一惊。"真的吗？我们已经很好了呀。我们不需要再画蛇添足了。"

也正是在那一刻，凯瑟琳意识到了，自己需要帮助。由于一直以来的那种不服输的精神以及对工作的热爱，凯瑟琳面对团队的每一个决定都要参与其中。她一直以来鼓励自己的团队多和自己沟通，但是她却不知道如何去指导队员们彼此之间变得更加坦诚。她知道他们都很信任她，可是当她听到这番"不需要画蛇添足"的言论时，她感觉对方隐藏了一些问题，这也让她不由得怀疑自己的团队成员彼此之间到底有多少信任可言。

凯瑟琳的工作依赖于自己的直接下属们，她也深深地关切着这些下属。她有时候会忧虑，如果自己的下属当中有哪一个人决定离开团队了，那将会带来什么样的后果。正是由于这种担忧和恐惧，她不愿意对员工彼此之间的关系过于强求和插手介入。当然，凯瑟琳自己也意识到自己的团队在和谐的表面下隐藏着沟通方面的问题与困难。如果她继续坐等着自己的团队成员们有一天能够清醒地意识到问题所在，那一切都来不及了。

于是凯瑟琳找到了我们，在我们对该团队的成员进行访谈的过程中，我们发现了情境型忠诚团队的一些明显特征，这种团队在我们所见过的团队中所占的比例是最大的。在这样的团队中，确实存在着一种极为深厚的信任——就像凯瑟琳的团队成员对她的那种信任一样——但是这种信任在整个团队内部却并不是一直存在的。很多时候，在一个情境型忠诚团队的内部，团队领袖所处的中心地位往往过于重要、过于受爱戴了，以至于团队成员们根本无法想象，如果有一天上司离开了，那这个团队会变成什么样子。然而，这种情境型忠诚团队的工作效率，仅仅略高于一个较为活跃的消极怠工型团队，或者是一个较为低效的良性怠工型团队。

尽管情境型忠诚团队并不会造成价值上的巨大损失，这样的团队同样也不会创造出他们本来应该创造的价值。通常情况下，这种团队里的每一位员工最典型的感受就是团队的运转并没有达到最佳的平顺状态。他们在面对团队中关系较好的一部分同事时，倒还算能够坦诚地讨论一些过去工作中没有做好的地方或者错失的机遇。然而在面对其他的队友时，他们却不会表现出真正的坦诚了。

然而在当今复杂的商业环境中，一旦形势发生变化，这样的团队就不足以做好准备去适应新的形势并且继续开拓进取了。他们缺乏足够的方法，也没有团队成员彼此之间不可或缺的那种信任，所以在面临真正严峻的考验的时候，也就不能够发挥团队的最高水平了。诚然，有些时候我们确实可以看见一些团队在面临危机的时候反而更能够团结一致共渡难关，但是大部分团队在面临重大挑战的时候，更大的一种可能性是朝着相反的方向发展，其后果往往是该团队中出现各种不健康的行为模式，就如同良性怠工型团队甚或是消极怠工型团队那样。

在第 5 章中，我们将会继续讲述 ATR 汽车零部件公司的故事，届时我们还将介绍另外一个情境型忠诚团队，而在这个团队当中，尽管每个人都在为公司集体任务的完成而尽心尽力，但是他们仍然还没有领悟到优质团队的真正奥秘。

当团队中充满了真诚

伊恩·坎贝尔（Ian Campbell）面带微笑，他是团队中最后一位收拾行装去机场的成员了。在亚利桑那州（Arizona）举办的年度首脑会议非常成功，远远超出了他之前的预想。他在托雷斯服装公司（Torreys Clothing）担任首席执行官已经有七个年头了，迄今为止，他为自己的团队举办了六次场外会议[①]。他从来没有像现在这样对自己的未来充满信心。

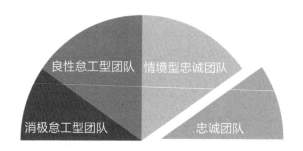

所有的人都已经离场了，于是伊恩稍待片刻，坐在桌子上凝视着远方起伏的风景。"我们做到了。"他想，"我们真正做到了。这些年来，我

---

① 场外会议（off-site）指的是地点在公司办公室以外的场地（如度假区、疗养地、宾馆、酒店等）举行的团队会议，这样的场地安排有利于营造放松自由的会议气氛，通常被视为团队建设的手段之一。

们为建立团队信任而做出的那么多努力，终于得到了回报。我的伙伴们与我之间的关系，已经超过了一个普通的团队的程度。我们彼此之间已经没有互相隐瞒的秘密了。我们团队的工作成果也证明了这一点。毫无疑问，我确信我们的团队已经足够强大，强大到可以在这个行业内成为领军团队了。"

　　在开车去机场的路上，伊恩回想起这三天的团队建设活动，回想起每一位团队成员，回想他们在经过第一天的团建之后，第二天所呈现出来的变化。这些曾经由他所招聘、所培训并一路扶持着的企业高管们，在这次团建活动中开始相互之间给予最为真诚与直接的反馈，这种方式连伊恩自己都闻所未闻。举个例子吧，佩吉·古德温（Peggy Goodwin）是设计团队的新任主管，在伊恩的团队里是一名相对新晋的成员，她找到了资深前辈、销售部门负责人海伦（Helen）。佩吉对海伦说："你们在与客户洽谈业务的时候总是忘记带上我或者我们的团队。这让我们的团队处于很被动的境地，于是我们为了跟进客户的需求或者进行市场调查，只能花费不必要的精力。"一开始的时候，海伦对这番话的反应自然是很生气，但是到了下午三点钟左右的时候，她的想法发生了转变，她说："佩吉，你知道吗？其实你说得对。我承诺，我将会亲自跟我的团队一起解决这件事情。我们当前的工作方式确实缺乏效率，对任何人都是，尤其是对我们的客户而言。"伊恩又想起了曼纽尔·桑切斯（Manuel Sanchez），他是公司的首席信息官，也是高管团队中最年轻的一位成员。曼纽尔曾经最早坦承过，他的同事们——也就是公司的那些高管们——总是把曼纽尔的下属员工们当成是第二梯队的人。"看吧，"曼纽尔说道，"我们可能并没有直接创造出现成的设计作品，也没有生产出一些实实在在的服装产品来让托雷斯服装公司名声大噪。但是我们这个部门对公司来说同样是不可或缺的。因此我希望你们能够尊重我的下属，正如我同样尊重你们的下属一样。"

更重要的是，团队当中其他人对这件事的反应令伊恩受到了很大的启发。他们听取了曼纽尔的反馈，承认了自己过去的行为失当，并承诺对此做出改变。尽管多年以来，大家一直都在谈论着以善意对待身边的同事，可是到如今，他们才真正地做到了身体力行。

当伊恩想到自己团队里的其他队友的时候，他意识到在这次团队建设活动中，每个人都揭示了一些新的东西，而这些东西是伊恩之前所不知道的。他们确实非常的真诚。他们允许自己向同伴们展示最脆弱的一面。每个人都能够最直接地提出自己的需求，作为一个团结一心的团队，大家可以把那些最难于讨论的问题直接摆到桌面上来讨论，一起仔细地分析问题的解决办法，然后做出明智的决定。在资源配置的问题上，他们不会互相之间钩心斗角，决定给谁多一些给谁少一些，更不会干脆搞平均主义。他们所做出的资源配置决策是艰难的，但却是最明智的，那必然是有利于公司团队整体的一个决策。管理团队中的各位部门主管都深明大义，无论自己的团队得到的预算是增加了还是削减了，他们都会坦然处之。他们所有人的思维准则都是公司团队的利益至上。

伊恩开着他租来的车，一想到这里，竟然兴奋得拍了一下仪表盘，大声地脱口而出："这真是巨大的胜利！"

然而就在他听见自己的话音的一瞬间，一个新的念头又进入了他的脑海："那么我们一定要保持这种势头！"

托雷斯服装公司的管理团队已经堪称是一个忠诚团队了。这个团队里的成员们彼此之间坦诚相待，如今，他们的企业文化已经越来越健康，公司的股票价格也一路飙升，团队成员们已经收获了胜利的果实。他们不断地完成一个又一个团队目标，不断地朝着更高的目标迈进，而他们也确实能够做到。他们或许并不是十全十美的团队，但是他们知道如何找到自己工作中的失误，并及时调整策略与行为模式以维护团队成员之间高度的真诚及多方的信任，而这一切，恰恰是忠诚团队的标志。他们知道，维持一个忠诚团队绝不是一件轻而易举的事，它需要成员之间彼此积极关照才能达成。而他们也愿意做出这样的努力。

在面对同样的问题的时候，消极怠工型团队的成员们会采取自私自利的行为，而良性怠工型团队的成员们则会选择逃避问题。相比之下，情境型忠诚团队的成员们就有很大的进步：他们愿意对问题进行一定的探讨，但是他们并不能够开诚布公地进行讨论，相反他们会把这些问题用非常委婉的方式掩盖起来，在与同事之间互动的时候，也往往会摆出一种流于表面的和谐态度。

然而忠诚团队则向前迈进了一大步。他们已经对问题进行了探讨，并且选择直面问题，时刻准备着解决问题，只要问题一出现就赶快行动。他们解决问题的时候往往会"擒贼先擒王"，并且怀着认真的态度去做。这类团队的成员们彼此互相尊重，所以只要有必要，他们一定会实话实说。他们假设任何批评意见都是善意的，其出发点都是好的——他们相信队友提出意见是为了他们好，为了团队好，为了整个公司着想，大家都是这样想的。

总而言之，这类卓越团队中的成员无一例外都符合以下特征：

· 彼此之间无条件地信任。

· 假定同事的一切意见都是善意的，如果自己遇到困难，他们会求助同事。

· 有问题当面讨论，而不是背后议论。

· 关心他人的成功，正如关心自己的成功一样。

· 把团队的利益置于自己的利益之上。

· 互相激励，精益求精。

· 没有什么问题是不能讨论的，对问题要讨论到解决为止。

· 彼此做出真诚的反馈，即便有时候这种反馈有些犀利。

无论公司遭遇到何种外部的变故——比如一家新的竞争机构崛起了或者市场环境发生了变化，再或者经济遭到了打击——一个忠诚团队都能够继续前行，因为他们有足够的奉献精神、凝聚力以及执行力。他们会养成惯性的处事风格以便快速应对问题。对于一个曾经在忠诚团队中工作过的人来讲，每当今后有人问起这段经历，他们都会说，那曾是他们职业生涯中最积极、最忘我、最值得的一段经历。在我们所见过的所有的团队当中，只有为数极少的团队能够配得上忠诚团队的头衔——大约占15%的比例。但是令人欣慰的是，任何一个团队事实上都有可能达到这一目标。

无论你们的团队处在以上四种类型中的哪一种范畴之内，无论是消极怠工型团队、良性怠工型团队，还是情境型忠诚团队，你们都有能力去争取更高的、可持续的业绩目标，你们也都有能力成为一个忠诚团队。在接下来的几章中，我们将会向您介绍塑造忠诚团队所必需的一些特定行为模式以及团队关系模式，并且在您塑造忠诚团队的道路上为您指明方向。

2

诊断你的团队类型

我们三视公司团队的每一名成员在团队成立之前都曾经在"公司美国"的大环境中打拼。作为人力资源专业领域的从业者们，我们亲眼看见过形形色色的团队，有些团队确实是高效能、高速率的，但同样也有一些团队处于严重功能失调的状态以至于让人怀疑这个团队是否真的能够达成目标。而后者，据我们所知，往往到最后一事无成。

在我们合作过的众多公司当中，曾经有这样一家，他们当时正在以令人震惊的速度急速成长着。这家公司所面临的市场服务需求飞速增长，这促使公司本身也急剧扩张。这家公司起初的时候只有两百名员工，且仅限于美国范围内，然而仅在短短的几年之内，它便成长为一家拥有数千名员工的跨国公司，分部遍及世界各地的数十个城市。尽管从外部整体的角度来看，这家公司是处于蒸蒸日上的状态，但是其中有一个特殊的部门以及该部门的主管却呈现出完全不同的面貌。这位主管，我们姑且称他为约翰（John），他负责管理技术功能部门。在自己的部门内部，他采取的是一种君主式的铁腕政策。约翰是一个能力很强的人，他自信满满、睿智机敏、魅力超凡，但是他唯独容不得别人有任何不同的意见。其他的高管们都很欣赏约翰的这种直截了当、不拖泥带水的行事风格。大家都看到了约翰以往的辉煌业绩，也都相信约翰是一个好的团队领袖。

然而在技术部门的领导岗位上，约翰的表现却不那么令人放心了。每个人都清楚，只要你和约翰的意见有所不同，那就会被视为公然的犯上作乱。即便是对约翰的决策表示些许的质疑，也会被他解读成是心怀不满，甚至会被看成是更为恶劣的行为。约翰手下向他汇报工作的那些员工们，无论男女，全都生活在一片恐惧和不信任的阴霾之中。正所谓上行下效，这些员工们也养成了同样的习惯，他们也为自己的手下制造了同样恐惧与猜疑的工作氛围。自然而然地，在这种工作模式下，没有任何一个人敢于畅所欲言，也没有任何一个人相信环境允许自己对上司和同事坦诚相待。在大多数情况下，人们总是尽量只说那些约翰想要听到的话。让情况变得更加岌岌可危的是，这个部门现阶段所负责的，正是公司有史以来经营过的最大的一个技术投资项目，这是一个复杂精密的、全新的信息技术核心项目，且该项目赖以支撑的技术基础尚未经过验证。如果这个项目成功了，那么将会给公司带来远超其他任何竞争者的巨大优势。可是如果项目失败了，那么它给公司带来的损失也将是不可估量的。很显然，这次的项目就是一次风险对冲，这也是该公司进行过的最壮观的一场豪赌。

作为人力资源领域的专业咨询团队，我们来到这家公司，了解了公司内部各层员工的问题与苦恼。我们意识到约翰的团队如果照这样的工作模式发展下去，会让公司的项目毁于一旦的。在几个月的课程过程中，我们把这个想法向约翰提了出来。我们向约翰介绍了我们所观察到的、所听到的一些信息。比如说，负责技术架构工作的软件开发员们向他们的上级经理汇报说，工作不可能完成。然而他们的上级经理却粉饰太平地向他们的上司汇报说："我们对这个项目有点担忧。"而这位主管上司则再一次将汇报内容大加粉饰，然后只对公司的副总裁汇报说："我们确实有个别担忧的地方，但是我们正在解决问题，一切都在我们的掌控之中。"于是乎，这些副总裁们以及高级副总裁们又再一次地将问题粉饰一番，最后消息传到约翰耳朵里的时候就只剩下了："一切都在掌控之中。"

技术部门与其他部门的同事们完全没有任何交流。那些仰仗着约翰团队提供技术支持的部门，完全听不到这边的任何消息。这些机构内利益相关者们猜测可能有些事情不对劲了，因为一片死寂往往意味着大灾难的来临，可是这些同事碍于约翰的强硬态度，同样迟迟不敢询问。

我们告诉约翰，这个团队内部的信任危机已经到了非常严重的地步，我们告诉他这样的信任危机将会导致什么样的后果。我们向他阐明了团队成员都不愿意上报真实情况的现状。不出所料，约翰的反应还是一如既往的努力辩护和大发雷霆。

"谁会不信任我、不愿意告诉我真实的情况呢？"约翰在最后问道。然后他又认真严肃地说："到底是谁？我要炒了他。"

看起来，几乎所有人都知道约翰走在自取灭亡的道路上，但是没有任何一个人哪怕站出来说一句话来阻止他或者是让他放慢脚步。由于约翰的位高权重，由于他那种先反击再思考的处事模式，人们都不敢告诉他那些残酷的现实。有些人是理所当然地担心说了真话之后会被炒鱿鱼，并因此断送自己的职业生涯。还有一些人之所以不对约翰讲实话，则是因为他们反而乐于看到事情朝着不利的方向发展：他们讨厌约翰这个人，看到约翰失败他们只会幸灾乐祸。这些人完全没有考虑过这样的局面对整个项目乃至对整个公司意味着什么，他们只是一心想看约翰栽跟头、出洋相，然后被炒鱿鱼。

在约翰的团队里，员工会议的场面简直如同闹剧一般。在跟我们谈话之后，约翰做了一件让我们大吃一惊的事情。他居然在会议上对全体员工说："听好了！现在咨询师们告诉我说，你们这帮人不信任我。如果你们对我有什么意见的话，那现在就给我把话说明白了！"

这些团队成员们——他们心照不宣，都知道祸根就出在约翰身上——静坐着一言不发。没有人说话，因为他们都清楚这时候说话会带来什么下场。当我们向团队成员们解释说，我们认为这个团队在运作过程中缺乏信任的时候，没有人表示认同，甚至都没有人对我们的讲话做出反应。约翰的脸上明显呈现出沮丧的神情，他声称我们一定是对团队存在着误解。于是团队成员们纷纷点头称是。这已经不是令人失望，简直是绝望了，不出意料，当团队成员们处于约翰的淫威之下，他们除了静坐不语，就只能说一些浮于表面的客套话了。

"我们现在只是压力有点大而已。"其中一位成员说道。

"我们确实觉得工期赶得有点紧。"另外一个人补充道。

"不过我觉得倒还好。"最后所有人一致达成了共识。

约翰团队里供职的男男女女全都畏首畏尾，裹足不前，因为他们还对整个团队怀有幻想，他们还梦想着有一天他们能够赚够银子，提早退休。他们希望自己终有一天能够苦尽甘来，迎来新的领导。但是就在他们苦苦等待约翰被炒鱿鱼的过程中，就在他们期待技术部门的项目奇迹般起死回生的过程中，他们仍旧痛苦地煎熬着。技术部的每个人，每天来公司上班，都觉得自己处在一个完全没有希望的绝境当中。没有任何人能够享受到工作被圆满完成的那种成就感。

这一过程简直令我们失望透顶。我们能够找到问题的所在，我们也能够找到团队的领导，把问题一五一十地讲出来，但是我们却得不到约翰以及他的下属们的任何理解与支持。于是我们找到了公司总裁，道出了我们的心声。"皇帝根本没穿衣服①，"我们告诉总裁，"除非事情发生改变，否则这个项目只有死路一条。"

公司总裁告诉我们说，他已经在处理这个问题了。随后不久，我们就知道了他们所谓的处理方法，诸位总裁大人们集思广益之后，决定告诉约翰："赶紧把问题解决了！"就凭这么一句话，总裁大人就觉得问题已经根治了。确实，总裁也觉得多一事不如少一事，他也不想冒着危险在项目进行到中期的时候突然把约翰换掉。于是我们非常清醒地认识到了，这位总裁和公司里其他的部门的领导们一样，都完全低估了这种团队管理混乱所带来的巨大隐患。在整个公司团队的内部，我们竟然无法说服任何一个人去发起这场一针见血的讨论。

最终，我们只能眼睁睁地看着这个团队走向失败。

在经过了两年的研究之后，在消耗了数亿美元的投资成本之后，这个项目一经推出便宣告失败了。甚至没有挺过测试阶段便宣告失败了。这个项目是在全球范围内推出的，而迎来的也是全球范围内的失败。这是一场

---

①　典故出自安徒生童话《皇帝的新装》，故事中的皇帝没有穿衣服，但是他声称自己穿了衣服，因此百姓也都不敢指出皇帝没穿衣服的事实。

惨烈的、人尽皆知的、彻彻底底的失败。集团总裁立刻解除了约翰的所有职务。许多曾经在约翰的高压之下苦苦煎熬过的人们，都很高兴终于等到了他的离去。但是倒霉的却不仅仅是约翰一个人，他的大多数直系下属们也都被炒了鱿鱼。整个公司上下都遭受到了沉痛的打击，这次的伤痛将会持续数年之久。股东们看到的结果是，他们所持有的股份价值骤然下跌。消费者看到的结果是，他们所购买的服务质量下滑了。而在公司员工们看来，他们原先怀抱着的赚足银子提前退休的梦想，也全都烟消云散了。

我们团队中的每一个人都陷入了漫长的沉思，我们在想当初本来可以为改变事情的走向做些什么。彼时的我们和现在一样，都相信任何一个团队皆有能力做出卓越的成果。然而，我们却眼睁睁看着一个团队迎来了灾难性的结局。

我们进行了热烈的讨论，我们思考自己在这次重大事故中所扮演的角色，讨论我们可以在今后的日子里如何去阻止类似的灾难发生。我们在想：自己是不是需要新的方法手段或者需要经历更多的磨炼。我们反思着以往经验告诉我们的道理：一个高效能的团队绝不是凭借着魔幻般的力量出现的，也不是因为好运气而产生的美丽的意外，这些团队的产生和发展都有着清晰可辨的、可以复制的特征，这些特征可以被学习、可以被传授，我们相信任何一个团队都有可能不断接近这一理想化的目标。我们的问题仅仅在于我们尚未拥有一套极其简便易行的方法能够证实我们的理论假设而已。况且即便我们的理论假设经过证实，确认是正确的了，我们在与客户进行讨论的时候，也缺乏一系列完整而健全的论据用以支撑我们的理论。

于是我们开始清醒意识到两件事：第一，一个消极怠工型团队会给整个公司带来灾难性的后果；第二，我们需要一种客观的方法工具，用以提供无可辩驳的数据支持，以便我们能够积极地诊断并确认每个团队所面临的问题之所在。

创建诊断工具

我们也在开始寻找一种团队评估手段，以便能够迅速解答我们的困惑，并揭示出那些最高效的团队与那些最低能的团队之间存在着的特殊差异，这样我们就能够以尽可能快的速度开始我们对客户团队的修复工作。我们仔细搜寻了当时能够用商业手段接触到的一切评估工具并查阅了当时的相关学术文献。我们甚至聘请了一位研究员来帮我们扩大搜寻的范围，让我们知道自己的搜寻过程遗漏了哪些东西——如果真的有所遗漏的话。然而我们得到的答案是"没什么有用的。"我们在当时找不到任何一个方法或工具，让我们觉得它能够对一个团队的整体表现做出充分的描绘。没有现成的方法能让我们观察到一个团队的明显而独有的特征与特质，更无法去衡量一个团队在运行中所产生的协同增效、同步性与内部摩擦。

很多评估工具都提供了针对个人的全方位评估手段，现存的很多针对个人的评估都可以用来叠加到团队的评估当中。基于大范围数据得出的参与度评估工具同样也能够对每一个团队进行考察，以便测定该团队与公司整体之间联系性的强弱。或许我们可以同时使用好几种评估测量工具，将它们结合起来试图多方面逼近我们想要知道的答案，但是那样做的话，我们得到的并不是我们需要的确切答案，而只能是草率的近似值而已。总而言之，当时还没有任何一个单独的工具能够得出我们想要知道的数据来，既然如此，我们就决定开发专属于我们自己的评估工具。我们将这个评估工具命名为"忠诚团队三视图"。

通过大量查阅有关团队运作的学术研究文献，我们最终确定了高效能团队所独有的一些关键的特征和特质。我们设计了一套评估问卷，问题的集中关注点在于团队的思维模式、运行模式、团队领导模式以及团队成员之间的人际关系等方面。此外我们还试图了解团队外部的一些持股人对该团队会做出怎么样的评价。总而言之，我们希望从内部和外部两个角度对公司团队的运作状况进行观察，从而得出宏观和微观层面的结论。

为了避免任何模棱两可的推断，我们发明了"忠诚团队三视图"这一评估工具。这是一种全方位的评估工具，我们将其称作"三视图"是因为这个评估工具能够帮助我们从多个角度衡量一个团队的发展趋向、特征、特质以及由此产生的工作成果。在对团队成员以及持股人进行访谈的过程中，我们可以提出一些问题，例如"团队成员之间彼此能有多大的信任？"或者"他们之间讨论较为尖锐的问题的可能性有多大？"再或者"团队成员之间相互提供反馈的频率有多高？"

有了这样的评估工具，我们就可以为每一个客户的公司团队制定出一套专属的行动策略，用以帮助他们提高团队效率。这个评估工具还能够让我们向用户提供清晰的分析报告，能够让用户像照镜子一样地认识自己，而这些体验，往往是他们前所未有的。

我们首先在我们的核心客户身上试用了我们的测试工具。客户跟我们一样，也想要对自己的团队有一个非常清醒的认识，想知道自己的团队是怎么工作的。我们的客户非常急于得到实打实凿的数据，希望这些数据能够告诉他们是哪些特定的因素导致了一个团队效能的增减：为什么有的团队就可以做得更好，而有些团队则不能。我们找到五个来自不同行业领域的合作客户，邀请他们的员工参与测试我们的团队评估工具。

我们使用这套评估工具测试了三十个各不相同的团队，他们分别隶属于工程业、服务业、零售业、金融服务业以及教育部门。我们对我们的假设进行了验证，分析了测得的数据并进行了大量的研究。结果我们得到的数据支持了我们所做出的结论：那些呈现出一系列相似特征倾向的团队——这些特征倾向如今被我们归纳到了消极怠工型团队当中——都会产生相似的糟糕的结果。当然，我们的数据也表明，如果某些团队具备一些特定的特征、特质——这些特征、特质如今被我们归纳到忠诚团队的范畴内——那么它们都无一例外地做出了非常棒的业绩。

与此同时，我们也发现，在评估工具的问卷中，有些问题我们原本以为能够起到重要的作用，结果它们却并没有为我们收集到多少有用信息；而另外一些调研、提问、对谈与表现的相关度之大，却远超我们的想象。在认识到了这些新的原理之后，我们对自己的评估工具进行了改进和修正，并找到另外一些团队再次进行测试。在接下来的几年中，我们不断地对我们收集到的信息进行复查并不断对评估工具进行改善。直到最后，我们终于通过这套评估工具得出了关于一个团队清晰的分析图景，而这才是我们以及我们的客户们真正想要的。

其实，我们这套评估工具，即便在最早期迭代的过程中，也已经让我们看到了它对客户的巨大效用。这套工具使得我们能够对团队运行中的很多方面进行深入的剖析，它还使得我们能够以一种让客户清晰可见的方式将团队的信息清楚地呈现出来。当我们的客户团队成员们纷纷完成了这个二十分钟的问卷，当我们把收集到的数据一五一十摆在桌面上，我们的用户就不会再提出异议。他们不会说："不，不是这样的。"当他们面对确凿无疑的证据的时候，他们无可辩驳。没有人还会声称："信任问题？你在怀疑什么？我们都是彼此信任的！"因为数据告诉他们，事实并非如此。

团队合作，长久以来一直被视作一项看不见、摸不着的软实力。而如今，在我们"忠诚团队三视图"评估工具的帮助下，团队合作能力居然能够被评估了，还能够以确凿的数据呈现出来。团队的领导们不用再苦苦思索"好像有什么地方不对劲了。我们来一次外出团建吧。我们去打打高尔夫球，练练信任背摔，希望能有所帮助。"取而代之的是采取一些目标更为明确、更为高效的途径来进行团队建设。公司的高管们也不会再去找一些现成的老套解决方案，然后祈祷一切好转。相反，他们现在可以清清楚楚地看到自己的团队究竟是哪里出了问题，然后就可以从这些地方着手解决了。

作为咨询师，我们使用这套评估工具对客户团队内部的运行状况进行了更深层次的挖掘，也有了更加深刻的理解。通过"忠诚团队三视图"的帮助，我们的客户团队能够认识到那些足以改变团队效能的行动与动作。通过这套评估工具，我们就能够确定这个团队是否正在有意识地为建立并维系团队信任而做出努力；我们就能够知道这个团队是否敢于将一些犀利尖锐的问题放到桌面上来公开讨论；还能够知道当这个团队中出现了一些无法被接受的行为时，是否会有人发出声音明确指出来。正是这样的评估工具，让我们能够得到细致入微的团队诊断结论，这样我们才能够研究出正确的团队治疗方案并开始工作。

我们与客户们一道，共同见证了这套评估工具的成效：它所提供的数据结果能够有效地做到力排众议，从而使所有人的注意力都放在他们该关注的点上面。在最广泛的形式上，评估工具产生的数据可以让人们清楚自己所效力的是一个什么类型的团队，然后集中精力去解决至关重要的问题，以此来改善团队的效能。

在我们早期的工作中，我们学到的一个道理就是：在改善团队效能的问题上，没有任何一套解决方案是放之四海而皆准、适合每一个团队的。我们确保我们的客户们也明白这一道理，我们还会向客户解释清楚：以上这四种不同的团队类型所需要的改进方式与方法也是各不相同的。如果想要解决一个团队中存在的问题并增加团队的效能性，那么首先应该知道这个团队应该从哪里入手才行。

举例来说，相比于良性怠工型团队和情境型忠诚团队而言，消极怠工型团队中所存在的功能紊乱问题，往往是更加根深蒂固的。这是因为，在消极怠工型团队中，每个人的日子过得都不痛快，整个团队的表现也都比一般的团队要差一些——就像之前描述的案例当中，约翰的团队成员们只敢对他报喜不报忧，任由他蒙在鼓里，走上不归路一样——这样的团队就需要采取一些非常特殊的干涉手段了。并且这样的干涉手段还是刻不容缓的。

另外两种居于中间地带的团队类型——良性怠工型团队和情境型忠诚团队——他们只是在行动与态度上显得更加消极而已。对于良性怠工型团队而言，他们往往会错失许多良机。团队里的成员们都没有充分发挥出自己的潜能，对于这一类团队，我们必须要直截了当地指出团队中普遍存在的惰性。至于情境型忠诚团队，情况又有所不同，团队成员们和股东们往往会一致地对团队当前的业绩感到满意，所以这样的团队最需要的是一种转变思维的策略。很多人认为"若无故障，无须修理①"，这种心态恰恰是不对的。

最后，让我们来看看忠诚团队，这一类团队在他们所从事的行业中表现出极佳的状态，而他们所需要的，就是去挑战传统的固有的思维，并毫不留情地进行自我改进。他们需要认识到一点：我们这个世界是不断变化着的，今天看来非常出色的事物，可能到了明天就会变得不合时宜了，而忠诚团队正是要对这种变化做到未雨绸缪。

简而言之，消极怠工型团队需要脱胎换骨的转变，良性怠工型团队需要从沉睡中被唤醒并被激发活力，情境型忠诚团队需要改革的推动力，而忠诚团队需要的是迎接新的挑战。

在与客户合作的过程中，我们会请客户团队的每一名成员以及各位股东们全都填写我们的"忠诚团队三视图"评估问卷，我们还会经常安排访谈活动，用以收集更多的数据来支持我们的调查。

读者朋友们使用我们这本书也能够达到同样的评估团队的效果：你们能够确定自己的团队属于哪种类型，也能够找到造成自己团队运行不畅的真正问题所在。然后你就可以从问题的根源处入手，开始解决问题，带领

---

① 译者注："若无故障，无须修理（If it ain't broke, don't fix it）"是美国谚语，指某一制度、情况等还过得去，就不要设法改进它。

自己的团队向卓越的目标前进了。

无论你在团队中所处的位置是领袖，还是资深从业者，抑或是新人，是团队中资历最浅者，你都有能力为改进自己的团队做出贡献。那么你改进团队的首要任务就是对团队的现状进行一次评估——评估团队的有利条件、成员的人际关系，以及团队的缺陷。作为团队的一分子，你可以为团队的改进发挥作用。我们已经知道，在一个相对活跃的消极怠工型团队中，一个"害群之马"可以把整个团队搞得效率低下；而同理，团队中一位与众不同的出色成员也可以对身边的人起到积极的影响。

我们每一个人，都有能力成为团队中的进步力量。

判断你的团队是由什么样的人组成的

在你真正开始着手影响团队的发展趋势之前，或是在你能够诊断出团队所面临的问题之前，你首先要做的一件事就是判断你们这个团队是否能够称得上是一个团队。

要知道，一起做同一个项目的一群人当中，并不是每一位都能称得上是团队的一分子。而有的时候，同一个上司所领导的一群人，就算他们每人进行的都是不同的项目而且之前从来都没有交流，也可以称之为一个团队。我们有时候还可以见到这样的情况：一群人仅仅是在做着同一个项目，就被外人误以为是一个团队了，但实际上他们貌合神离，各自为政，从不为对方出谋划策。

我们在工作过程中，使用了一个简单的定义来划分团队的概念。人们只要满足下列条件，就能够称得上是团队的成员：

· 朝着团队的共同目标努力工作。

· 能够对彼此的行为以及结果造成影响。

就这么简单。仅仅以上两点就能够定义一个团队了。

在你开始使用本书的时候，首先要考量一下你与之共事的伙伴们。扪心自问，你们是否有着共同的奋斗目标，是否互相影响着。如果答案是肯定的，或者说基本上是肯定的，那么你们就是一个团队了。正如我们当中的许多人一样，你在工作和生活中可能会同时身处多个团队之中。即便是在同一家公司里，大多数的员工身处的团队也不止一个。一个人在这个团队中可能是领袖，到了另一个团队中可能就成了普通成员。一个团队可以是永久性的，就像一个成熟的委员会，或者是一群公司高管组成的董事会，他们定期开会，持续多年，指导并执行着公司的长远发展大计。当然一个团队也可以是临时性的，为了要完成某一个项目而快速组建起来，一旦任务完成了，便立即解散。团队的伙伴们可以共用一个办公场地，也可以广泛分布在不同的地域，只是共同从事着一项任务，仅仅通过不定期的电话会议或者网络会议进行沟通。

而以上提到的所有人，都可以学会如何成为团队中更出色的成员，并从中获益。

诊断你的团队

商业团队的领导者们对每件事情的考量角度，可以从其最细微的运作细节入手，也可以从最宏观的市场竞争层面上看。他们知道原材料的成本价格，精确到每一分钱；他们知道产品开发的周期，精确到每一分钟；他们知道顾客对于他们的每一种产品的每一个类型的不同需求。他们对每一个细节进行精准的考量，为的只是能够收集到有效的数据并在此基础上做出决策。然而对于大多数的商业机构而言，最首要的成本支出就是人力支出了。这些员工们是以团队的形式工作的，可是公司领导们却没有方法去考量团队的业绩。现在，在"忠诚团队三视图"的帮助下，公司领导们可以对他们自己手下的团队进行清楚的诊断，进而在管理工作当中避免任何模棱两可的猜测。这套评估工具可以为用户创造一个改造团队的起始契机，并为管理者提供一种定量化的方式能够定期衡量团队发生的改变。

我们写这本书的目的，也是为了向读者朋友们提供一些有相似效果的帮助。无论你在团队中的角色是领导者还是普通成员，你都可以使用这本书来诊断自己的团队，并为接下来的团队改进工作谋划出清晰的步骤。我们建议读者们从自己在职场生活中占据最重要地位的一个团队开始入手：它可以是你与同伴们花费时间最多的一个团队，或者是团队目标对你而言、对你的职业生涯而言或者对你的公司而言具有最重要意义的团队。

首先，对自己的团队进行考量，并向自己提出以下问题：

· 你们这个团队是不是结果导向的团队？

· 在这个团队里哪一种风气最为盛行？

· 这个团队所面临的挑战有哪些？

·在过去的六个月时间里，这个团队的构成及其业务方面是否曾经发生过重大的变化？

·是不是团队中的每一位成员都能够努力做好分内的工作？

·你本人对团队的业绩发挥着怎样的影响？

·团队领导者对这个团队的业绩有着怎样的影响？

·你如何描述这个团队的外部声誉？

·你对这个团队成员间的人际关系作何描述？

·这个团队的士气如何？

·阻碍你们团队向着更高水平迈进的障碍是什么？

接下来，阅读下面的忠诚团队检查表。从中挑选出最能够体现你们团队当下状况的描述。

忠诚团队检查表

请从下列表格中找到最能准确描述你们团队的项。

	消极怠工型团队	良性怠工型团队	情境型忠诚团队	忠诚团队
团队动机	□关注个人的成功 □将他人的失败看作自己个人成功的途径	□关注自我保护 □以能在团队中生存下去为目标	□关注团队的成功 □以保持各项工作进展顺利为目标	□关注团队与集团的成功 □将他人的成功看作自己个人成功的途径
团队心态	□不信任 □猜忌 □假定他人出于恶意 □我的方式才是对的（你的方式是错的） □"小心遭暗算" □"先下手为强，后下手遭殃"	□有条件的信任 □人人自顾而已 □明哲保身 □虚伪的一团和气 □"人不犯我，我不犯人" □"两耳不闻窗外事"	□牢固的信任 □假定他人出于好意 □专心于团队目标 □能够进行聪明的冒险 □"我们已经足够好了"	□互信 □假定他人出于好意 □团结就是力量，分享经验与知识 □彼此承诺负责 □"同甘苦，共进退"
团队行为	□提供消极负面的反馈，或者提供虚假的正面反馈 □互相钩心斗角 □互相推卸责任 □受恐惧与不安全感的驱动 □热衷于你死我活的斗争 □惹麻烦，编故事，会演戏 □总是指责别人的错误（却极少肯定别人的成绩） □从他人手中聚敛关键信息，据为己有 □一心求胜，不择手段，完全不顾及对他人的影响 □搬弄口舌 □暗箱操作耍阴谋	□保留部分可能对他人起到帮助作用的反馈以及信息 □在他人面对困难的时候不会给予明显的支持 □守在自己的安全范围之内，只做出有限的努力去了解他人所需要的成功要件 □只会完成那些明确承诺过的事情；不肯为团队做出额外的贡献 □对改革成功的可能性抱有高度的怀疑 □总是坐等别人做改革的尝试者，在此之前不会承诺任何事情 □在存有争议的问题上保持缄默 □与他人之间的互动非常有限，为的是避免冲突，避免做出承诺	□在传递信息之前谨慎考虑反馈的后果与影响 □在他人的支持下尝试一些冒险，即便有时候会令人不舒服 □团队内部很团结，但并不是每个人都彼此信任 □能够达到团队之前所承诺的目标 □往往是"领袖中心化"：团队领导者往往是责任义务与决策的中心 □在采取行动之前首先考虑向他人发出暗示 □部分团队成员之间交往较密；乐于彼此帮助 □团队领导人定期询问队员们的意见	□进行讨论的时候，如果有人不在场，就不会征询他的意见 □积极主动地提供真诚的反馈 □遇到有益于团队的争论，能积极参与其中，能够公开讨论尖锐的问题 □共同为决策与成果负责 □帮助他人最大限度地发挥能力；对面临挑战的同事出手相助 □明确无疑地互相信任，互相托付，追求共赢结局 □能够为了集团的整体利益牺牲手上的资源和机会成本 □有问题的时候找到对应的伙伴直截了当地提出 □共同营造一个能让所有人施展身手的环境

　　表格中有哪一列包含了最多的符合项，那么你们的团队就属于哪种类型，但是团队相应的类型也不是绝对的。很多时候你们的团队所符合的描述可能同时来自多列，因为每个团队所呈现出来的特征都可能是同时属于多个团队类型的。举例来说，一个良性怠工型团队也可能会呈现出一些属于情境型忠诚团队的发展倾向；而在极少数的情况下，一个情境型忠诚团队的行为模式也可能会与消极怠工型团队如出一辙。然而，在大多数情况下，这张检查表还是可以帮助你找到努力的入手点。

　　在我们的官方网站（www.trispectivegroup.com），我们也提供了免费的简易评估工具——"忠诚团队快照"。这款评估工具会帮助你快速了解你所在的团队属于哪一种类型，并对该类型团队做出描述，还能为你提供接下来的行动建议。无论你是团队的领导者还是普通的团队成员，都可以使用这款评估工具。

　　从消极怠工型团队到忠诚团队，无论你的团队归属于其中的哪一个类型，你都有能力去改变这个团队，向着更高的水平迈进，而你的这个团队也有能力成为一个忠诚团队。千里之行始于足下，首先你要对自己的团队做一个清晰的诊断，然后以此为起点开始行动就可以了。在接下来的几章中，我们将会向读者朋友们详细描述四种类型的团队中各自需要处理的人际关系以及行为模式，我们也会根据你的需要，指导你如何去处理这些事项。想要达到团队建设的目标，没有捷径可循，但是这个目标却是通过努力可以达成的，而且为之付出的种种努力也都是值得的。在真实可信的评估工具的帮助下，一个团队可以首先创建起必需的团队文化以及成员人际关系，并在此基础上发挥超常的价值。

3

消极怠工型团队：当好员工遇到坏团队

当团队中混入一个消极怠工分子

马特·斯通早早地来到约谈地点。他的袖扣看起来很显眼，却不俗套，他的西服剪裁得体。他的微笑一方面显露出满满的自信，另一方面却也隐藏着一种根深蒂固的不安全感——如果只看第一眼，是很难辨读出这两种情感的。

"蒂姆邀请你们过来帮忙，我非常高兴。"马特说出了这样的开场白，他隔着会议桌与我们一一握手致意，"我们这家分公司的潜力是非常可观的，最近一段时间里，我们只是在业绩上有点不达标而已。我曾经尝试着

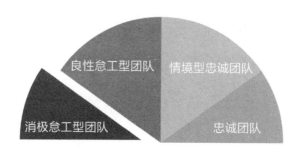

让这个团队上下同心，我自认为恪尽职守，做得还不错，但可惜的是，我一个人孤掌难鸣，能做的就这么多，更何况我还只是一个临时过渡的经理而已。"

马特说的不无道理：我们那段时间之所以分别对他本人以及他的团队成员们进行约谈，也正是因为北极星金融服务公司的洛杉矶分公司团队确实拥有着巨大的潜力，而在当时并未能够充分发挥出来。新官上任的总经理蒂姆·巴尔内斯调到洛杉矶分公司来已经整整有三个月的时间了。在这段时间里他努力着试图弄清楚团队的问题所在并对当前的局势做出改变，然而他终于意识到单靠自己的力量是不可能完成目标的。这个团队已经陷入了恶性循环中，负面价值观迅速蔓延，这一切都是蒂姆绝对不能允许的。如果不依靠外力的帮助，蒂姆是不可能及时扭转团队的下滑势头并起死回生的。

蒂姆之所以会找到我们来帮忙，也是因为我们曾经在他的上一家公司里成功地合作过。当时蒂姆刚刚接手了一个团队，那个团队颓废到连一个像样的决策都做不出来，团队成员之间也都是彼此强忍着，仅仅能够和平共处而已。每当召开团队会议的时候，他们不是表现出一副事不关己的样子，就是互相之间无礼的诽谤。我们当时对那个团队进行了评估诊断，结果找到了他们所面临的两个最大的问题：第一是缺乏企业团队管理的担当性；第二是不愿意积极处理冲突。我们与这个团队合作，致力于增强人际关系并将大家的精力集中在公司团队的整体规划上，而不是去关注每个人之间彼此背离的个体考量。

如今，在北极星金融服务公司我们再度合作，蒂姆希望我们也能够找到这个团队效能低下的根本原因，从而达到我们在上一次合作时的那种效果。在听他描述了团队内部的运行模式之后，我们建议安排约谈活动，邀请团队的诸位成员以及股东们参加，并请他们全都填写了我们的"忠诚团队三视图"评估问卷。

我们要求对团队中的每一个人进行性格评估测试。市面上有几家公司能够提供这一类的测试，版本有所不同。每一个版本的性格测试都有其长处与局限性，所以我们往往是按照客户的偏好去决定使用哪一种。我们发现这些测试有助于我们去讨论人们在做事途径、行事风格、交流模式以及决策模式等方面的种种区别，而且这样的讨论方式也不会引起一种审判式的不良感受。团队成员们在进一步了解了他们各自的性格倾向之后，就能够逐渐意识到，正是这些方面的差异性，决定了人们在与这个世界相处过程中所表现出的种种偏好；同时他们也会意识到，有时候人们之间出现的一些分歧，仅仅是由于处事风格不同，而并不是有意要惹怒对方。

一旦团队成员们认清了他们自身的行为偏好以及他们同事的行为偏好——尤其是他们彼此的行为偏好之间存在着哪些共性与差异性——那么整个团队的团结合作都会获益匪浅。在很多时候，团队成员们意识到了彼此行为模式之间的差异性，于是恍然大悟："噢！原来你这么做不是为了找我麻烦啊！这只是你接受信息并做出反馈的方式而已。明白了。"

蒂姆很快就允许我们对整个团队进行全面的诊断工作，于是我们也安排了约谈活动。我们每次约谈的一开始都会提出一个较为容易回答的、开放式的问题，而我们从每个人的口中得到的答案都是含有深意的、认真考虑过的。然而马特却是一个例外。他走进会议室与我们谈话的时候就已经打好了自己的小算盘，随后他所告诉我们的一切信息也都是他认为我们"需要"知道的信息，他的目的，就是让一切朝着他所希望的方向发展。我们打断了他的表演，并试图打乱他的计划，我们询问他在起初的时候出于什么样的考虑来到北极星金融服务公司。马特很高兴我们谈到了他最感兴趣的一个话题，于是他向我们详细地讲述了自己从宾州州立大学（Penn State）毕业，拿到金融学学位的经历。

"优等生哦！"他补充说道，随后，他便打开了话匣子，向我们讲起了他的第一份工作，讲起了他在那份工作中的一流表现；接着又谈到了他的第二家公司，谈到了他在那里创下的一个又一个令人惊叹的纪录；当然，接下来就是他职业生涯的第三段"大获全胜"的辉煌经历，但这都不是他当前的公司。当马特顺着他的职业生涯时间线，终于讲到北极星金融服务公司的时候，他说自己与这家公司简直一拍即合，还说他的前任总经理——也就是起初聘用他的那位——是他的良师益友，教会了他很多东西并全心全意地信任他。

"实际上到他临近退休的时候，"马特透露道，"我甚至已经成为这里的实际主事者了。这位老伙计一直都对我言听计从。也正因为如此，在他卸任之后，纽约总部的高管们才会非常顺理成章地把我作为接替他的最佳人选。"

我们询问马特，他希望今后的团队发展成什么样的格局，以及他想要给新任总经理蒂姆提供什么样的建议。结果不出所料，马特对这样的问题同样非常乐于回答，一副合作态势。

"我不知道当下我的同事们到底是哪里出了差错，但是如果他们的业绩低到一定的程度，就只能被迫离职了，"他说道，"整个行业可不能允许这样的情况发生。他们似乎并不能把手头应该做的工作做好，无法达成目标。但是请你们转告蒂姆，我会全心全力支持他的，他可以信任我。我了解情况，我也是唯一一个愿意帮他把事情做好的人。"

在这次约谈过程中，马特滔滔不绝说了一大堆关于自己的事情，一部分是有意的，一部分是无心的。事后，当我们拿着洛杉矶分公司其他诸位员工的访谈记录与马特的想法进行比对时，我们发现了一种非常令人担忧的局面，并意识到了这个团队内部真正造成弊端的运行模式所在。马特认为他自己是唯一一个为了挽救北极星金融服务公司免遭大难而奋斗到底的人，然而他的同事们的观点却正好相反。他们认为马特才是真正会把公司引向灾难的罪魁祸首。

马特的诸位同事中，有一位非常直率地说："那家伙绝对是想踩着我的尸体一路升官发财。不过说到有这种想法的人，也不仅只有他一个。这个地方已经不是原来的样子了。"

另外一位团队同事说道："我甚至都开始有点怀疑蒂姆了。他从来上任的第一天，就应该把马特炒了鱿鱼的。可是他没有这么做，而是请了你们这些人来，跟我们大家一个个约谈。真不知道蒂姆是怎么想的。"

不过，在马特的众位同事当中，还是有一些人，至少在一件事上与他达成了共识：当我们问他们最希望看到什么样的局面的时候，他们都说，希望一切回归到前任总经理离任之前的样子，这也正是每个人所希望的。只不过他们所怀的目的却大相径庭。

"我们的老领导至少还能够压制住马特，"乔治说道，"每天总是那副烦死人的样子。别误会我的意思，你们懂的——你们之前见过他——尤其是在被任命为临时过渡总经理之后，他变得让人根本无法容忍了。说实话，有时候我真的怀疑纽约总部的人脑子里都在想些什么。"

最终，乔治向我们吐露了他的小秘密。"不要告诉别人，其实我正在四处寻找新的去处呢。这个地方已经乌烟瘴气了，我实在是待不下去了。我每天都讨厌来到办公室。每天一到下班时间我都会迫不及待地离开这里。"

乔治对我们理解他的处境感到很惊讶。根据我们以往对消极怠工型团队的工作经验，这一类团队中最优秀的成员们往往有离职的风险。这种团队运作方式是不可持续的，因为其中的大多数人都不愿意长久地忍受这种团队气氛。

我们在同关键股东约谈的过程中，也一样发现了很多事情。纽约总部的高管们也都承认，马特可能并不是一个理想的领袖人物，但是他们觉得马特也只是临时代管而已。他们其实并不太相信马特在这么短的一段时间里能够造成多大的损失。他们觉得马特有时候确实会让同事感到不快，但是他们却低估了这种"有时候"的频度——当然，坦率地讲，这也并不是总部高管们最关心的事情。

"我们知道他起码能完活了事，"一位总裁如是说道，随后又补充说，"但是那边的团队在某些方面开始出现了下滑的势头。我不知道确切是哪里出了问题，但是团队的数据确实不能够达到要求了。他们预先的估计过于乐观了，而结果却远远不能与之相匹配。"

在每一场约谈当中，我们都邀请人们畅所欲言，我们向他们保证，他们个人所分享的任何信息，都不会落入别人之手。在我们收集了足够的信息之后，我们马上对访谈结果进行分析汇总，并以一份三页报告的形式呈现到蒂姆的面前。

即便我们对采访内容进行了删减，并隐去了受访人的姓名，这份报告仍然足以一棒打醒梦中人。

首先，我们按照一贯的工作风格，快速列举了团队当前拥有的优势条件：

· 就个人来说，团队成员们具有很强的能力。

· 他们本身对公司的业务其实是热切关心着的，也希望企业文化能够改观。

而团队面临的主要挑战则如下所述：

· 整个团队都出现了信任的缺失。

· 整个团队诸位成员的人际关系都已经支离破碎。

· 从每个人的表现来看，他们对自己的行为缺少担当，同时也并没有意识到自己的行为会给别人造成什么样的影响。

· 团队中有一个人确凿无疑地成了团队中的破坏力量。

于是我们总结了我们所了解到的该团队运行状况：

在团队成员们眼中，他们都是饱受马特欺凌的受害者，就连纽约集团总部的那些总裁大人们也抛弃了他们。不过面对这样的危机，洛杉矶分公司的员工们却并没有拧成一股绳，相反，他们都退守到自己的领地内，以邻为壑，把原本好好的同事关系搞得支离破碎。他们感觉彼此之间都失去了联系，并对眼前的境况感到无力回天。当别人问他们问题出在哪里时，他们就异口同声地指向老板：蒂姆需要采取行动。

我们在向蒂姆披露事实的过程中，着实遇到了不小的困难，因为蒂姆也正如以往求助于我们的所有团队领导人一样，虽然明知问题的存在，却大大低估了问题的规模与严重性。几乎没有几个团队领导人能够想到，自己所领导的团队居然是一个消极怠工型团队，换句话说，在我们所见识过的众多团队当中，他的团队只能排在最垫底的百分之二十内。

我们将书面报告呈交给蒂姆，并给了他一些时间来消化这些信息。两天之后，我们接到了他的电话。

"你们觉得，这种情况还有没有挽救的余地？"他问道，"我是不是现在就应该抽身退出？或许，我还能够回到我原来的岗位上，或者也可以去找一家别的公司，只要他们的团队不像这样一锅粥就好。"

蒂姆的反应确实出人意料。一般来讲，一位团队领袖，尤其是新任的团队领袖，当他看到我们把这个团队存在的种种问题以及问题的根源全都白纸黑字地摆在他面前的时候，多半都会表现出一定的买家懊悔情绪[①]。但是要说现在就做好拍屁股走人的打算，这也确实为时过早了。就算是一个消极怠工型团队，也并不是无药可医。毕竟在特定的环境下，任何一个

---

① 买家懊悔情绪：是指购物后又后悔的情绪，往往是因为担心做了错误的选择、因为支出过大而愧疚，或者怀疑自己被卖家所欺骗。

团队都可以通过一定的转化手段，呈现出更加高效的新面目。

在消极怠工型团队当中，领导人首先必须要做的一件事，就是主动把自己和团队成员绑定在一起，共同担当改善团队效能的重任。当然，对那些暂时还没有能力或者没有意愿去做出改变的人，团队领导人也必须要当机立断，忍痛割爱。实际上当一个团队内部出现了害群之马的时候，不管这个人是什么样的身份——团队中的骨干人物也好，行业内人脉深厚的老手也罢——都无济于事。如果团队中有哪一个人不愿意或者不能够遵照全新的游戏规则去做事，那么团队领导人就一定要确保他不再出现这种负面行为，或者干脆让他从团队里消失。这是容不得置疑、容不得例外的。

蒂姆显得有些恼火了。

"我非得管他们这里的一大摊子烂事吗？我自己也有工作要做啊。"他说道。

"这并不是要你一个人来承担的，"我们回答说，"那样也不可能做到。人际关系是一个良好团队最为重要的形成因素，而每一个人都应该对自己的人际关系负责。"

首先，他作为领导人应该就人际关系方面设立一个清晰的目标：他到底希望员工们如何相处，如何接受团队对他们人际关系的干预。每一位员工都需要仔细反观自己的优缺点，并考量自己对人际关系状态的改善所做出的贡献。然后，他需要做的就是全心全意采取行动去修复并改善团队人际关系。

在明白了这些道理之后，蒂姆说道："我明白了。我会让我的团队重新树立起担当感的，如果有人从中作梗，就只能让他离开了。那么我们什么时候开始行动呢？"

两个星期之后，蒂姆召开了一场外出会议，并安排我们作为会议的领导。首先我们已经同他进行了长达几个小时的商讨，制定了会议议程。我们详细解释并回顾了之前诊断得到的数据，为团队提出了建议，并告诉蒂姆一定要抓住这个机会。对于这位新官上任的团队领袖来讲，第一次的团队全体多日聚会至关重要，可以说成败在此一举。如果这次搞砸了，那么团队成员们就会更加坚定地相信现状无法改变了。而人们越是相信情况没有改善的希望，那么他们的实际行动就越会让担忧变成现实。

蒂姆以前有过领导团队的经验，他清楚身处一个运行顺畅的团队中是什么样的体验。他知道，一个高效能的团队，在创造高的产出结果的同时，一定能够相应地回馈给成员们一种赏心悦目的工作体验，这种体验是挑战、是启迪，带给他们的收获是鲜少能被其他东西替代的。

一开始，蒂姆还稍有迟疑，但是随后他就下定决心要抓住这次活动的机会，着手改进团队了。他了解这其中的风险，作为一个消极怠工型团队的领导人，这种行动就像是走在一座快速燃烧着的木板桥上，他知道自己不能犹豫不决，也不能动作迟缓，他输不起。在这次为时一天半的全员团队建设活动中，蒂姆不会再粉饰太平，不会再容忍团队中的问题被轻描淡写地敷衍了事了。

"我知道在座的各位伙伴对咱们的团队现状不满意，而咱们的公司对此也同样不满意，"蒂姆说道，"但是我想让各位知道的是，现在我来了，我接管咱们公司，我同样也希望让我们的现状有所好转，对所有人有利。首先我要承认咱们现在确实遇到了困境，我承诺一切都会变好的。我不会再放任这种情况继续存在下去了。"

"各位都是有才干的人，你们技术过硬，也很有进取心，所以我知道我们现在完全有机会快速扭转局面，"蒂姆环顾会议桌旁的每一个人，补充说道，"我希望，今天对于我们这个团队的所有人来说，都意味着一个新的开始。"

"我需要在座各位和我一道，共同努力，"蒂姆说，"在接下来的一天半时间里，我需要各位认识到：当前的团队确实有好转的可能，也一定会好转的。当然我也需要各位明白：要想使这种改变发生，我们做事就必须遵循一定的原则。"众人纷纷点头。约翰面露微笑。即便是马特脸上也流露出了看似深信不疑的神情。

为了提高团队效率，像这样的团队建设活动必须迈出艰难的一步，那就是不局限于微笑点头的一团和气，转而去深入讨论当前团队中的种种弊端，而这些弊端正是大家之前一直避而不谈的。要想使团队脱离消极怠工的状态，他们尤其需要做的，就是开始直面那些令人不快的事实。团队成员们需要开诚布公地谈一谈自己之前是怎么对待自己同事的，怎么看待自己同事的，还要谈谈自己对本职工作的态度。这样的谈话注定艰难，于是为了推动谈话的开始，我们鼓励团队成员们思考：如何修改团队的基本法则才能够让他们感觉更舒服些。

在蒂姆做了开场白之后，我们引领大家讨论他们所认同的基本法则。他们选择了如下几条：

· 假定他人出于善意。

· 保持好奇心。

· 开诚布公地讨论。

· 拥抱未来新的变化及其他可能。

· 关掉手机，全神贯注参加活动。

接下来，我们又谈到了之前团队成员彼此之间所怀有的固定观念以及"头脑档案"。这些头脑档案建立在我们的思维中，其中包含了一些数据，讲述了我们对于人们行事方式以及事态发展趋势的一般认知。

举个例子，想象一下如果有一个人看见自己的同事到办公室比自己晚，下班又比自己早。每天都是如此。而相比之下，他本人却是全公司每天第一个来上班并且最后一个下班的。那么长此以往，很有可能他就会在潜意识当中给他的这位同事定下标签："这个家伙就是一个朝九晚五来点卯混日子的人，并不愿意做实事。"那么接下来，随着时间的推移，他就又会潜移默化地注意到这位同事身上那些能够支持这一标签的行为，并在"头脑档案"中一笔笔记录下来。每多一次这样的记录，那么这份"头脑档案"中就会增加几幅"懒同事"的素描图，进而加固原有的印象："那家伙就是个懒骨头。他工作根本不上心，什么事情都要我来做。"

思考你的"头脑档案"

· 我对我的同事们存有怎样的头脑档案？
· 这些头脑档案是否会影响到我的同事们？
· 这些头脑档案是如何影响我自己的？
· 这些头脑档案对我是有价值的吗？
· 我可以删减哪些头脑档案（因为有些档案在拖我的后腿，对我的行为产生了消极影响）？

在这种"头脑档案"中，有一个非常明显的问题，那就是该档案对人的评估是基于种种预判而并非对一个人的真正了解。如果你没有了解过这位"懒同事"的生活，你根本不会知道其实他每天早早起床，在家里已经先工作了数个小时，然后才来到公司，也不会知道他每天回到家之后工作到深夜，只因为他觉得家里面更安静些，能够让他工作更有效率。

毫无疑问，在缺乏任何沟通的情况下，这位"懒同事"也同样在自己的头脑中建立起对同事的档案，也在对同事的形象做一幅幅素描。他可能会看到某位管事的同事，心里想："这家伙也太自私了吧！他根本不愿意分享信息，他还要试图把我的辛勤劳动成果据为己有。如果那个混蛋总是能够得逞，那我还干个什么劲呢？"

像这样的"头脑档案"确实为我们提供了便利的思维路径，用以分析任何特定情境下可能会发生的事情，而我们的头脑也因此会依据这些"档案"而思考。如果一个人已经先入为主地认定自己某些同事是懒鬼，那么他对待他们的态度就会让人感觉好像他们从来不曾合格完成过任何任务一样。

如果其他人都认定了某一位同事不肯分享信息或者资源，那么他们就会心灰意冷，再也不向他提出任何要求。也就不会向这位同事寻求帮助，更不会询问他是否需要帮助。

在每一次的互动中，"头脑档案"都会变得越来越丰满，也会变得越来越具有持久性，因为每个人都会越来越多地收集"证据"来印证自己之前的观点。

当我们向客户团队成员解释了上述原理之后，我们并没有要求他们立刻摒弃头脑中的那些"档案"。时机还不成熟。我们邀请他们每个人思考自己对其他人所建立的"头脑档案"，思考一下并对其中的内容做出几条记录。我们建议每个人思考一下，这些"头脑档案"是如何影响他们与同事之间的互动与交流行为的。我们随后要求员工们在接下来的一天半时间里，要逐渐放松自己对那些先入为主的观点的坚持。我们要求他们不要过于迷信自己之前的"头脑档案"，要勇于承认，这些"档案"可能是不准确的或者还不够完整，承认还有更多的信息需要他们收集，承认其他人的行为并不一定是出于自己所臆测的那种原因。我们请客户团队的成员们相信，人们的行为是会发生改变的，未来会与过去不同。

"只要你细心去了解别人，"蒂姆说道，"这就是我要求你们做的。"

北极星金融服务公司的这一团队成员都承诺接下来的时间里彼此坦诚相待，有些时候他们也确实做到了。在我们回顾团队成员性格测试数据的过程中，我们确实看到一些人有赞许他人以及接纳他人的品质。

当蒂姆当众解读他自己的性格评估测试中所显示的一些行为倾向时，他说得很生动："一旦我做出一个决定，我总是希望每个人都能跟我一道，不要提出任何质疑，"他说，"天啊，这些年我老婆跟我说过多少回了。她和孩子们也都不喜欢这一点。"

大家都被这位上司的坦率真诚逗得发笑。他自然大方地向大家展示自己的性格测试结果以及行为倾向，于是其他人也纷纷开始效仿。团队中有两位女性成员刚一开始分享自己的性格测试结果简述，就哈哈大笑起来，因为她俩的测试结果简直一模一样！即便是马特也开始或多或少地卸下了防备，向众人谈起了自己多疑以及挑战别人的行为倾向，并谈到了该倾向在工作中可能显现的表现形式。

"我猜正因如此，"为了让自己的讲话看起来更轻松，他补充说道，"我在大学的时候总是能在辩论中取胜。"

对于像这样的一个消极怠工型团队来说，一丁点时间也不容浪费。每当我们的"忠诚团队三视图"评估系统显示我们的客户团队是一个消极怠工型团队的时候，我们就会告诉客户，应该想象自己的股票价格已经下跌了一半，或者他们的顶级客户都弃他们而去，转而选择了另外一家公司，他们接下来的行动都要具有这样的危机意识。在这次团建活动中，我们希望深入挖掘问题，并使他们直面现实。

在上午的中场休息过后，我们将北极星金融公司洛杉矶团队的员工们召集到一起，我们为他们放映并讲解了四种团队类型的扇形图表。我们首先从忠诚团队开始讲起，我们列举了忠诚团队的一些特质，并阐明任何团队都可以成为忠诚团队，只要团队中的每一位成员都愿意付出自己的一份力量。接下来我们介绍了情境型忠诚团队和良性怠工型团队各自存在的缺点和不足。

最后，我们讲到了消极怠工型团队，我们花费了很多的时间，深入讲解了这一类团队中存在的信任缺失现象，以及"事不关己，高高挂起"的消极负面思维模式。然后我们邀请团队成员们谈谈自己在以前的人生经历中曾经遇到过的忠诚团队以及身处其中的个人体验。我们请团队成员们谈一谈在忠诚团队中的那段经历对自己以及自己的职业生涯产生了怎样的影响。最后，我们请大家谈一谈曾经经历过的消极怠工型团队，谈谈身处其中的感受。

我们给每人分发了综合性的忠诚团队测试表格，并给他们一些时间去仔细研究表格，接下来我们请大家思考："现在这个团队应该划归哪一种团队类型呢？"

乔治首先发言，"我想我们过去曾经是一个情境型忠诚团队，我们还是有很高的信任度的，"他说道，"然而现在，我觉得我们顶多能算得上是一个良性怠工型团队而已。各自为战，互不干涉。"

"不"马特说，"我觉得我们其实是一个消极怠工型团队。我觉得我们每个人都是怀揣着恶意去揣测别人，我在这里需要时刻保持警惕。"

"什么？"乔治说，"你觉得你需要时刻保持警惕？"其他人都开始不满地嘟囔起来，还翻着白眼。

"你根本不知道过去的六个月里我过的是什么日子，"马特说，"我努力不让纽约总部的人联系你们这些家伙，看着你们每天一到下午五点钟就迫不及待拎包走人。你们全都是打着自己的小算盘，只有我一个人是为了公司的大局着想。"

　　事后，蒂姆告诉我们说，他一开始还感到很紧张，但是随后就松了一口气，没想到真正的问题竟然这么快就浮出了水面。然而在当时的情况下，蒂姆还是面不改色地出面干预了。"等一下，"他说，"咱们好好想一想。这有没有可能就是我们先前所了解到的所谓头脑档案的一个案例呢？是不是正如先前所说，他人的行为动机并不像我们想象的那么简单呢？"

　　开始的时候，团队成员们对蒂姆这种冷静而理性的努力表现出一定的抵触。毕竟长期以来，每个人都觉得自己一直是受害者，以至于他们如今难以释怀。有几个人尝试着做出正确的行为，结果却都遭到了同事们的抵触，以失败告终。这场谈话听起来感觉就像是苦大仇深的受害者控诉大会。

　　于是我们进行了小心谨慎的循循善诱，最终，团队成员控诉与指责的话语慢慢地变得柔和了，转而变成了有点类似于问询以及自省的语气。

　　"嘿，伙计。"乔治对马特说道，"你是对的。我之前没有意识到你承受的压力。现在回想起来，我在过去六个月里的所作所为实在是乏善可陈。在你需要帮助的时候，我却没有伸出援手，而是一直关起门来在自己的办公室里埋头做活。"

　　如果要把团队建设活动比作是一次登山探险的话，那么上述情境的出现就是至关重要的一步。

　　当一个团队中有一位成员开始朝着更好的方向前进了，那么其他的成员就会更加容易跟随他的脚步。人们有时候确实会犹豫不决。他们会小心翼翼试探地前进。他们可能会走一步退半步。但是前进的道路从来不是一马平川的，前进的步伐也从来不是匀速的。只需要有一个人做出榜样——

无论是好榜样还是坏榜样——那么整个团队就会跟着效仿。过去，马特做出了滑向消极怠工型团队的错误榜样，但是现在乔治为大家做出了另一个榜样：他愿意使团队向好的方向发展。

乔治表现出了自己愿意为团队承担责任的勇气，同时也敢于公开承认自己之前的行为助长了团队的矛盾。在他的带领下，其他同事们也纷纷开始效仿。

就这样，坚冰被打破了。北极星金融公司的团队成员们开始敞开心扉，互相讨论曾经他们错过的那些成就业绩的机会，懊悔他们过去曾经彼此为阻的行为方式。他们彼此倾诉之前在这个团队里所面临的危机感：随着团队出现变化，他们每天的工作都充满着不确定性。他们甚至偶尔还会不经意间流露出对马特之前表现的失望之情。"不管怎么说，纽约总部的人怎么会选择马特来管事呢？"其中有一个人如是问道。众人闻言，都看向马特，而马特并没有说什么。

经过了第一天的议程，我们仍然能够发现，团队中还存留着些许怨怒之气，并且还残存有一定程度上的不信任。当然我们也确实看到了团队成员们彼此沟通的尝试以及勇于直言的真诚努力。人们也愿意把问题当面向马特提出来，尽管这还只是试探性的。马特也愿意去倾听这些意见，并且确实愿意承认自己有一部分责任。正是这样的状况，才有助于将团队推向前进，我们甚至发现，团队成员们已然意识到了当前最重要的问题。我们还能看到员工们彼此说说笑笑，甚至还会试探性地互相打趣。要知道，幽默往往是一个好兆头。

然而，最重要的一点是，我们看到团队成员们有了令人震惊的发现：

他们之前的一些无意为之的举动，竟然会产生出乎意料的后果，而他们的"头脑档案"对他们的影响也是惊人的。马特之前对乔治工作责任心的评价仅仅是因为他看见乔治每天天不黑就急匆匆拎包走人。而事实上，乔治虽然每天下午五点钟准时下班，但是他实际上的工作时长却是正常上班时间的两倍之多，因为他即便在夜里以及周末的时候，在孩子已经睡了的时候，还在努力地工作着。只不过对于这一切事实，乔治都没有提及过，而马特自然也懒得去过问。

团队成员们还明白了一个道理：有时候如果一位同事在开会过程中始终缄默不言，那倒并不意味着他是在刻意隐藏信息或者隔岸观火。实际上，他们的性格测试结果显示，这一类人的行事风格就是在发言之前慎重考虑而已。如果这样的人被要求当场立刻做出回答，那么他们反而不能够发挥真正的才能。

接下来的一个下午，团队成员们都在努力思考：改进的工作到底从哪些关键的领域入手，才能让团队迅速改观。他们还制订了行动计划用以推进团队改善工作。

第二天，团队成员们就未来将会影响团队行为模式的一些规则进行了激烈讨论。他们创立了一系列的行为规范，并承诺接下来付诸实践，坚决遵守。他们考量了自己所需要的帮助，以及他们能够承诺做出的努力。

最终他们做出了一份会议记录文档，如下所示：

为了团队成员彼此之间赢得并建立起信任，我们每个人承诺，遵守下列行为规范，并相互监督，共同遵守。

·致力于彼此的成功。

·不再用过去的事情作为借口。

·不再背后议论别人。

·面对挑战，不允许他人打退堂鼓。

·面对需要解决的问题，直接找到问题的相关对接人，而不是背后议论。

·支持领导和团队做出的决策。

·传递信任，以积极的心态假定他人，如果心存疑虑，一定直言不讳。

·摒弃过往的"头脑档案"，以新的目光看人。

这是一个非常了不起的开始，但这并不意味着之后就万事大吉了。团队行为规范确实能够起到一定的社会契约的作用，明确指出团队的期望所在，并使团队成员更有担当。可是在行为规范制定之后，更需要注意的是执行这些规范。对于消极怠工型团队中的成员们来说，行为规范的执行可以说是一项非常艰巨的挑战。

因此在团队建设活动的最后一个环节里，我们要求所有的团队成员们认清这次活动以及他们制定的行为规范对他们的意义，并要求他们对此承诺负责。每一位员工都写下了如下三方面的承诺，并当着所有同事宣读了一遍：

1. 作为一个更加高效能的团队成员，他们接下来马上要采取什么样的行动。

2. 作为团队的一分子，他们将会做哪些工作。

3. 作为团队的一分子，今后他们要停止哪些行为。

作为一个团队，他们还达成共识：即便没有蒂姆的参与，他们也可以开会，让彼此了解他们所进行的工作，商讨改进工作的方法。而在蒂姆的指导下，他们将召开战术规划会议，以确定团队的第一要务，以及接下来六个月时间里需要向他们传达的信息。

在随后与蒂姆会谈的过程中，我们恭喜他领导了一次如此成功的外出团建活动，并让他对今天的会议做出评价。

"我觉得我们现在扫除了前进路上的许多重大阻碍，"他说道，"坦白地说，我们所取得的进展远远超出了我的想象。不过我并不是十分相信马特所说的话。"

确实，我们也并没有百分之百地相信，但是作为忠诚团队的成员，我们对人的假设应该是积极正面的，所以我们选择相信马特。我们知道，这确实是一个进步。蒂姆说他今后都会以这样的方式行事，同时也会带着谨慎的乐观心态继续推进工作。

我们向蒂姆提供了一些思路，用以巩固团队的这种转变。我们建议他经常和团队成员们强调改善团队的重要性，并且每一次做工作计划都应用这次制定的行为规范。一个团队的脱胎换骨，不可能是一夜之间骤然发生的。即便是最优秀的团队也需要一定的时间才能把理论付诸实践。我们承诺，在三个月之内会再回来，主持一次后续的团队建设活动。

而三个月后，当我们再次回来的时候，北极星金融公司团队已经是旧貌换新颜了。

首先，马特消失了。

"他确实也尝试着做出过一些工作调整，但是几个月下来，我们明显地发现，他始终不愿意把团队的工作安排放在高于自身利益的位置，"蒂姆说，"我为此与他进行了艰难的沟通，但是我知道，这样的决定是对的。"

蒂姆已经意识到了，如果他继续对马特的这种行为隐忍放任，那么等于是明白告诉团队中的其他成员，自己对改进团队其实并没有足够的决心。

不过，团队的其他成员确实做到了之前承诺的那些事情。他们参照行为规范的内容，定期反思自己的工作，并且互相督促，共同担当。正因如此，虽然这个团队还没有发生脱胎换骨的变化，但目前的成果也已经足够让纽约总部的高管们对洛杉矶分公司刮目相看了。虽然洛杉矶分公司的业绩数据在整个集团内部还没有名列前茅，但是这些数据却已经呈现出了明显的上升趋势。由于这个团队每个月的数据都会呈现出稳步的增长，团队外部的一些人也开始关注这个团队。在我们与北极星金融公司合作之前，纽约总部的高管们几乎没有人会想到要把一些好的业务机会分配给洛杉矶分公司。然而经过六个月的改变之后，纽约集团董事会开始以更加谨慎的方式，考量如何对待西海岸的这帮天才同事了。

即便是在洛杉矶分公司内部，人们也同样开始对他们自己以及自己的团队刮目相看了。由于团队成员们同甘苦共患难，所以他们的协调合作能力增强了，对工作的满腔热情又再次被激发出来。他们又重新体会到了工作的乐趣，重新找到了自己当初加入北极星金融服务公司的那份初心。

在我们一开始接触北极星金融公司的时候，我们就清楚地意识到，马特是团队中的消极怠工分子；我们知道他那样的行为只能将团队带领到一个非常糟糕的境地，而在那样的境地中，几乎没有一个团队能够幸存下来。作为新官上任的领导，蒂姆完全有理由为团队树立新的行为规范以及新的工作标准：任何一位员工，如果不能遵守这些规范，那就只能另谋高就了。所以当马特表现出对团队新规则的抵触之时，蒂姆信守诺言，用行动捍卫了他之前所立下的规矩。他处理问题的方法就是开除了马特。然而在另一些情况下，我们可能会发现，一个团队的领袖之所以不能够解决或者清除团队中的问题，是因为他本人就是团队的症结所在。消极怠工型团队的呈现方式可以有很多种。惠灵顿石油天然气公司（Wellington Oil & Gas）就是另一个鲜活的例子。

如果团队的消极怠工分子是领导者本人

几年前的一天，我们接到了惠灵顿石油天然气公司总裁瑞奇·伯恩斯（Rich Burns）打来的一个电话，电话那头的他显得非常不淡定。瑞奇·伯恩斯早在其职业生涯的早期就成为了我们的培训业务客户，而这次，当他给我们打来电话的时候他似乎一瞬间就如释重负了。

"我手下有两个主管经理，他们简直是一对蠢货！"他说，"其实这两个人本来都是有些脑子的，也是技术熟练的专业员工，这样的人本应明白些事理，可是他们却彼此不合，一直在相互掣肘。我已经跟他们说过十几遍了，叫他们自己解决矛盾。我也跟他们说过，直接坐在一起喝两杯，不就化干戈为玉帛了么。可现在事情闹到这个地步，我只能叫他们打一架才能解决矛盾了，可是他们两个斗来斗去，最终受伤害的可是各自团队中的员工啊！"

惠灵顿石油天然气公司是一家跻身《财富》杂志两百强名单中的大公司，他们的油气钻井业务覆盖北美、南美以及中东地区。在外人的眼中，这家公司看起来就好像一架运转健康的机器，他们行动迅速，几乎不放过任何一个机会来扩张公司的资本，几乎处处抢占先机。然而实际上，只要你到集团内部走访一番，他们的勘探专家以及工程师们就会告诉你，这个企业每一步跌跌撞撞的前行背后都隐藏着一次次歇斯底里的激烈争吵以及摔门离去的不欢而散。

根据瑞奇做出的描述，这家公司的关键问题是这样的：瑞奇手下的勘探与开发部门（Exploration and Development）高级副总裁史蒂夫（Steve）看不上作业施工部门（Operations）的高级副总裁阿齐兹（Aziz），想把他赶出公司。而反过来，阿齐兹也觉得史蒂夫是一个没什么见识的乡巴佬，觉得史蒂夫做事莽撞冒险，只要一有机会，肯定会给公司带来大麻烦。

"我曾经在这两个人中间做过调停，为此我花费了尽可能多的时间，"瑞奇说，"我现在已经筋疲力尽了。我们已经流失了两个非常出色的员工，现在我们很可能会丢掉第三个。"

我们当时并没有感到多么吃惊。如果一个团队的领导人本身就是一个消极怠工分子，那么他手下的团队也不大可能长久地维持。团队成员们要么各自为战，要么纷纷离职。如果一个公司的总裁本身就是一个消极怠工分子，那么这个公司也不会长久地存续下去，当然，我们现在讨论的案例还不是很符合。如果团队的高层中出现了一个消极怠工分子，那么这个企业往往不能够按照预期计划完成任务，所以董事会用不了多久就会换一位总裁。

当两位副总裁都处于一种消极怠工型的关系当中时——就像我们所看到的惠灵顿公司的史蒂夫和阿齐兹一样——那么他们各自领导的团队将会不可避免地受到殃及，当然，很多时候他们共同供职的这个大团队也同样会蒙受损失。

当我们向瑞奇询问，史蒂夫与阿齐兹之间的这种关系对企业的高管团队造成了怎样的影响时，他只是含糊其辞地说了几句，听起来更像是发牢骚而不是严肃认真地讨论问题。我们明白，事实不可能是这样的。而当我们问到造成这两个人之间紧张关系的原因时，瑞奇好像也并不能给我们提供很详细的解答。他不知道两人之间的冲突最初是从什么事情开始的，也不知道为什么这种冲突会一直延续。我们倒也不需要事无巨细地了解这场旷日持久的斗争中的每一个小细节，不过瑞奇给我们提供的信息却还是远远不能满足我们的需要。我们提议，分别与这两位高管以及他们各自团队的成员们进行约谈。

瑞奇同意了我们的建议，于是我们开始行动了。我们约谈的第一个对象是詹姆斯（James），他是勘探与开发团队中一位重量级的地质学家，他来到这个团队工作已经有五年的时间了，但是如今他已经在联系其他公司的招聘人员，甚至已经开始洽谈新工作了。

"我喜欢我的工作，"詹姆斯说道，"我喜欢这家公司。我喜欢瑞奇。我甚至也很喜欢我的上司史蒂夫。但是他有时候对待他人的方式实在是很幼稚，尤其是对阿齐兹。"

阿齐兹负责掌管的是作业施工部门。史蒂夫负责掌管勘探与开发部门。

据詹姆斯透露，这两个部门之间的冲突也是有目共睹的了。

"如果阿齐兹在两个团队都在场的时候宣布了什么事情，那么事后当只有我们一个团队在场时，史蒂夫会把阿齐兹之前所说的话全盘否定掉，"詹姆斯说道，"史蒂夫一直以来都在时时诋毁阿齐兹。我也不知道这是怎么回事。阿齐兹看起来是个挺机敏的人。"

随后我们约谈了乔丹（Jordan），她隶属于阿齐兹团队，是该行业的一位资深从业者，从她的口中，我们听到的消息也是大同小异。

"我们两个团队有时候会坐在一起开会，有时候史蒂夫就会明确给我们做出指导，希望我们怎样怎样做，"她说道，"随后我就可能需要与史蒂夫团队的某些人联系对接以便完成我的工作，但是这之后阿齐兹就会说，'先放一放。'如果我问为什么，他也会给我说出几个理由来，但是我心里清楚，归根结底还是他不相信对方团队的那些人。这真是很令人沮丧的事。"

我们又约谈了其他人，结果发现大家的失望情绪都是相似的。几乎所有的人都表示他们热爱自己的团队，也欣赏对方团队中的成员，可就是感觉受到了阻隔，无法打破壁垒好好合作。大多数人都表示讨厌当前的状况，希望两个团队的领导能够团结协作。而还有一小部分人觉得自己甚至已经被迫不信任对方团队了。

"从个人角度来讲，我对作业施工部门的每个人感觉都不坏，"勘探与开发部门团队的一位成员如是说道，"但是作为一名忠诚的员工，我上司的敌人就是我的敌人。所以除非万不得已，我一般情况下是不会和作业施工团队一起分享资源的。"

不出所料，最后当我们找到两位团队领导人进行约谈的时候，两人都是把冲突的责任推到另一方身上。在这两个人当中，史蒂夫显得更为激进，巴不得阿齐兹赶紧走人。

"听我说，"他说道，"我从事这一行业已经有很多年了。我负责的是勘探寻找石油和天然气资源，而我们是一个石油天然气公司。勘探与开发部门有多重要，不用多讲。可是阿齐兹呢，这家伙总能找到一百个理由来跟我们唱对台戏，什么事都跟我们作对。"

我们请史蒂夫更加详细地谈谈对当下情形的看法。史蒂夫表示，他很清楚瑞奇对当前的情况并不满意，但是他却觉得并不需要我们介入此事。"这事儿真没那么严重，"史蒂夫说道，"勘探部门与施工部门之间存在的一些紧张状况其实是自然而正常的，也还是健康的，说得更夸张点——能够让双方都更加专注于工作。"

我们之前也曾经咨询过各行各业的团队领导者，很多人都曾经不止一次地向我们表达过这样的观点。有些企业高管会同时负责多个行业领域的工作，有些总裁们会同时统领多个事业部门，这样的企业领导有时候往往会认为企业内部的竞争是一件有好处的事情。他们坚信，允许团队内部的员工为了有限的资源而展开竞争，或者允许他们针对彼此的策略观点提出质疑甚至相互推翻，这可以激发他们的潜能，有助于碰撞出一些最具有创造性的问题解决方案。

在某种层面上，这种思想是有道理的：团队内部的竞争有时候确实是健康而良性的，不过这要满足一个前提：参与这种竞争的员工们彼此之间必须存在起码的信任与尊重。如果参与竞争的每个人都能够保有清醒的大局观的话，那么内部的激烈讨论确实是有益处的。

　　然而在惠灵顿石油天然气公司，争论的双方既没有信任与尊重，也没有清醒的大局观。

　　史蒂夫和阿齐兹团队之间的裂痕，最初是从这两位团队领导之间的友好竞争开始的。两位高级副总裁当初刚到这家公司的时候，有时会出现意见上的分歧，如果他们自己不能够解决这种分歧，那么就会把问题反映到总裁瑞奇那里。这时候瑞奇往往会听他们讲一会儿，接着再打一个简短的电话，然后就把史蒂夫和阿齐兹打发回各自的工位去干活了。瑞奇的这种做法确实能够维持公司的正常运转，但是这种做法对改善高管之间的互动方式却没有好处——当然对史蒂夫和阿齐兹两人的关系也没有好处。

　　于是在这种互动中，两个人并没有培养出良性的友好合作关系，相反，他们形成了一种"习得性无助"心态。他们建立起了一种充满歹意的恶性循环：每一次只要瑞奇采纳了阿齐兹的意见，否决了史蒂夫提出的一个项目，那么新一轮的恶性循环就开始了。每当史蒂夫感觉自己又输掉了一轮较量的时候，他就会迫不及待地马上杀回来，提出另一个更为冒险激进的项目提案。史蒂夫心里是希望阿齐兹在比较这两个提案之后，会为之前否决第一个提案而感到后悔，并重新与瑞奇谈话，请求他收回成命。

　　可是事情并没有如史蒂夫预料的那样。

　　"过了一会儿，他就会又提出一个废话连篇的提案，"在我们访谈阿齐兹的时候，他如是说道，"废话多的我简直就不会去细看。不管史蒂夫再提出什么，我都做好了否决的准备。我是要承担团队盈亏责任的；我要为公司的业绩负责；管理这一块的是我不是别人，所以我不会允许这家公司因为史蒂夫的一己私欲就去承担不必要的风险。"

他的这番话说明了许多问题。于是我们明白了，两人之间的矛盾是多年以来种种矛盾逐渐积压形成的结果，这样的心结也不是一朝一夕就能够解开的。我们还意识到，这样的局面其实是一种消极怠工型工作关系，它将会不可避免地拖累整个团队的工作效能。然而这个团队之所以还能以一定的效率和水平继续维持着，全是因为瑞奇总能够及时介入，强迫大家做出一个决策来，因此公司业务才能够勉强推进。以瑞奇的时间和才智，被用来扮演这种居中调停的角色，确实并非最佳之选，但是毕竟他才是公司的老板，只有他有这个权力去消弭因为史蒂夫和阿齐兹不合而造成的团队效能低下问题。

可是这两位高级副总裁手下的团队就没有这么好运了。

由于目睹了公司高层领导之间的低效能互动，两个团队的员工们也因此表现出了消极怠工型团队常见的行为模式。在一派互相猜忌与人人自危的氛围下，人们只会待在自己的安全区域里，不敢做出任何大胆的进取尝试。

我们团队的几个人聚在了一起，讨论我们访谈得到的结果，并形成了一份简明的总结报告，拿给瑞奇一起讨论。

史蒂夫和阿齐兹两人处在一种消极怠工型关系中，这导致了如下后果：

- 缺乏对团队目标以及第一要务的清醒认识。
- 两个团队之间草率地相互作对。
- 人才的流失，以及更多员工离职的风险。

· 团队成员中普遍弥漫着沮丧的情绪。

· 缺乏对公司高层团队的尊重与信任。

· 两位团队领袖相互质疑对方的决策，导致底层员工之间沟通不畅。

· 当瑞奇介入解决问题的时候，人们又陷入了习得性无助的恶性循环。

针对以上问题，我们提出建议，三视团队将会采取以下行动：

· 分别邀请公司里的每一位团队领袖与我们一起分析访谈结果。

· 邀请瑞奇和两位高级副总裁一起反思他们这种行为对各自团队以及公司整体的影响，并敲定史蒂夫和阿齐兹在今后工作中愿意承担的责任，让两人明确表示自己为了改变现有的团队互动模式而承诺做出哪些行动，还要明确一点：绝对不能容忍当前的团队运行模式继续下去。

· 邀请阿齐兹和史蒂夫以及两个团队的员工们一起召开一次团队会议，以便建立新的交流模式。

我们希望得到的成果是：史蒂夫和阿齐兹能够握手言和，这将会带来以下好处：

· 瑞奇将不用再扮演居中调停的角色。

· 在指定公司要务方针的问题上，史蒂夫和阿齐兹能够开始达成一致、自行解决分歧，并能够做到信息共享。

· 团队呈现出团结的面貌。

· 更加高效的合作。

· 减少两个团队之间不必要的紧张心态以及消极的摩擦。

· 提高决策效率。

在与瑞奇进行了短暂的电话会议之后，他同意了这个计划。"好的，那就开始行动吧！"他说道，"我为了照顾这两个幼稚的家伙已经浪费了太多的时间了。"

在短短数日之内，我们就完成了计划任务表中的第一项。我们找到史蒂夫和阿齐兹，与他们交流了我们从访谈当中得到的信息。两个人都非常惊讶地意识到，他们手下的员工竟然如此清醒地看到了团队效率低下的现象。不过我们对此却一点也不惊讶：当你身居高位的时候，没有什么事能瞒得过你的下属。

两个人也非常苦恼地意识到他们的行为给公司团队造成了很大的负面影响。他们的反应也很明显。史蒂夫说："我不想让我的团队伙伴们觉得我是公司的害群之马。"

而与此同时，另一个房间里，正在与我们的队员谈话的阿齐兹则表示："天啊，我们得解决这个问题。我们能做些什么呢？"

当我们接下来进行到第二步——邀请史蒂夫、阿齐兹以及瑞奇一起开会——瑞奇立刻就掌控了局面。

"该死，伙计们，这已经不是我们第一次讨论这件事了，但是这将会是最后一次了。"他说道，"如果我们不能解决这个问题的话，我就没法让你们两个继续在这里工作了。这种内耗是绝对不能允许的，我已经厌倦了在你俩中间扮演仲裁者了。我不可能放任这种局面一直持续下去，我对此感到很难过。你们加油吧，到底怎样才能让你们更高效地合作共事，我现在想要知道，你们对这个问题究竟打算怎么办。"

"我把三视团队请到这里来，就是为了给你们化解矛盾提供帮助的，"他补充说道，"请你们充分利用这份帮助，我希望在今后咱们能定期开会，监督这件事情的进展。"

史蒂夫和阿齐兹含糊其辞地道了歉，并保证一切都会尽快好起来。

瑞奇说了一句"那样最好"，然后就离开了。

我们剩下的人还要继续开会。我们并不打算花费大量的时间用于反思事情是如何发展到眼前这个地步的，但是我们必须要让史蒂夫和阿齐兹真切地认识到当前情况以及这种情况所带来后果的严重性。我们请这两个人分别设想一下对方的处境。

史蒂夫首先开口了，"我不知道我们怎么会闹到今天这个地步，阿齐兹，你可能单纯地觉得我就是个混蛋。"

阿齐兹一言不发，静观其变，就好像史蒂夫又在耍什么花招一样。

"在石油和天然气的勘探工作中出现了很多的失败之处，"史蒂夫说道，"这样的失败是代价昂贵的，我讨厌失败。我讨厌让别人失望。我承受了很大的压力，而我并不是总能够很好地处理这种压力。"

阿齐兹对此表示理解，他也觉得自己有很大压力。

在这个不稳定的行业中，两位从业者都承受着高期望值带来的巨大压力，而他们还面临着其他的诸多的问题。他们感到各自被推向了不同的方向。当他们进一步讨论这件事情的时候，两人诉求的相似之处逐渐开始显现出来。在公司企业当中，大多数的人都会同时服务于多个团队，正如史蒂夫、阿齐兹以及他们各自的组员们所做的那样。然而很少有人能够自然而然地掌握在这些团队之间平衡处事的方法。更鲜有人能够意识到自己与某个团队的互动模式会如何影响到另一个团队。当我们向史蒂夫和阿齐兹阐述了忠诚团队的模型之后，两个人都信誓旦旦地说，他们自己就是所在团队中的忠诚分子。

"我们作业施工部门的每一个人都知道，我是为他们的成功负责的。"

"我们勘探与开发部门也是一样的。"史蒂夫说，"我的组员们都知道，我无论何时都会做他们的后盾。"

这两个人都对自己的话深信不疑，但是我们在访谈中收集到的反馈却并不是这么回事。两个团队的成员们都说，他们看见自己的上司对待同僚的态度很不恭敬，这不禁让人产生疑问：如果一个人能够在公开场合如此背叛自己的伙伴，那么这样的人又怎么能得到其他人的信任呢？

还有更重要的一点：勘探部门的员工们为了把工作做得更加成功，他们需要和施工部门的员工进行沟通。对于施工部门的员工也是如此。如果团队的领导们做的事情妨碍了组员的成功——包括妨碍必要的沟通行为——那么这样的团队领导就不能算作是团队中的忠诚分子。只要他们彼此之间采取消极怠工分子的行为模式，那么他们就绝不能算作是忠诚分子。

团队成员们都能够清醒地认识到问题所在，但是他们却不知道该采取什么样的措施。一方面，他们不想违背上司的意愿，去跟"敌人们"合作，而另一方面，他们又不想因此而耽误了该做的工作。

在这种情况下，如果团队中有哪位成员能够意识到他的上司已经成了团队发展的阻碍，那么我们就会建议他尽量去接近自己的上司，并与之建立起一种信任的私人关系，这样就能够赢得与之对话的机会进而对领导的行为模式产生影响。当然，如果一个团队成员并没有采取这种积极策略，而是完全明哲保身，自求多福，祈祷局面会有所改善，那么我们也完全能够理解。确实，有的时候静观其变是最明智的策略。然而如果团队的领袖还不至于冥顽不灵，那么我们还是建议团队成员们与上司建立起一种忠诚团队式的人际关系，这样他们就能够为改善局势做出贡献了。这种改变的成效可能不会是立竿见影的，但却很可能是影响深远的。

另外，我们也鼓励像史蒂夫和阿齐兹这样的团队领导者们，采取更为直接的问题解决方式。在我们与他们两人的会谈中，我们向他们解释了接下来要采取的一些行动。我们建议他们在日常工作中更加努力地去关注对方团队的工作状况。尽管这样做有些难度，但是毕竟两个人需要彼此拓展信任关系，并且相信他们双方所做的事情都是自认为对公司最有利的事情。此外，他们也必须达成一致，承诺改善两人的关系，以便为公司利益做出更大贡献。

我们的谈话耗时颇长，期间甚至出现了紧张局面。然而我们还是引导他们就一些问题达成了一致意见，例如，如何确定任务优先级，如何进行信息交流，如何处理意见分歧，以及在什么情况下才应该将问题呈交给总裁进行定夺。

"所以你的意思是说，一旦我们两人之间出现了分歧，那么我们就必须得自己解决，而不能让我们的团队知道了？"史蒂夫问道。

"简单来说，就是这样。"我们向他们解释说，他们二人需要在自己的团队成员面前表现出共进共退的面貌，这样才能够鼓励每一个人和他们一起努力。

两人中的每一个，都需要让自己团队的成员们确信他们完全可以放开手脚好好干工作而不用担心其他的钩心斗角——没有人会因为跟同事合作而受到惩罚。人们之间的互相质疑是被允许的，意见冲突也是可以理解的，但是在惠灵顿石油天然气公司内部，没有所谓的"敌人"。

阿齐兹点头表示同意，但史蒂夫却表现得有点犹豫。他担心如果他和阿齐兹突然重归于好，表现得团结无间，反而会引起他手下员工的怀疑。他的担忧不无道理。在促使所有人接受新的秩序之前，团队领导者还需要做一件事，那就是当着所有团队成员的面，坦承旧秩序的不足。他们必须要有勇气去承认自己以往的过失，并承认自己对团队效率低下负有一定的责任。此外，他们还必须为过去两人制造的紧张关系道歉——向瑞奇道歉，向每一个团队道歉。

随后与瑞奇之间的谈话就如我们所预料的那样进展了。总裁大人喜欢团队高效率地运转，可是面对任何在他看来是情绪化的东西，他都会感觉到不愉快。他听取了两人的道歉，然后就急不可耐地想要把他们赶出门外，这时阿齐兹阻止了他。

"请听我说，"阿齐兹说道，"我们需要你的帮助，才能兑现我们今天的承诺。今后如果我们两人出现意见的分歧，来请你帮忙调解的时候，我们需要你拒绝我们。因为我们自己就可以解决分歧。"

瑞奇点头，说没问题。现在瑞奇还满心以为那并不是一个难以解决的问题。可是在我们看来，真相却未必如此，尽管我们也希望瑞奇所预料的都是真的。毕竟他们过去的互动模式已经根深蒂固了——包括瑞奇也在其中扮演着一个角色——所以他们三个人事实上需要彼此监督才能够完成新的转变。

几天之后，我们协助公司举行了一次团队建设会议，参加者包括史蒂夫、阿齐兹以及双方团队的所有员工们。两位领导在会上都富于表现力地谈论着自己过去所犯的种种过失。两个人也都发自肺腑地承认自己过去造成了员工的疑惑以及团队中的猜疑风气，并为此真诚道歉。

我们将在场的员工们分成了若干个跨职能部门的突破小组，并要求他们以协作的方式清晰地确定出当前团队工作中争论的焦点所在，并就信息的传递方式以及问题解决与改进方式进行讨论。我们要求他们确定出清晰的工作交接点，或者说确定出解决问题的责任方。他们还谈及了一直以来工作中遇到的种种阻碍以及各自在工作方式上的种种差异。在这一点上，他们对史蒂夫和阿齐兹也提出了非常明确的要求。

"我们应该放开手脚，发挥自主性，更好地完成工作，"詹姆斯说道，"我觉得我们之间的合作关系已经非常强大了，在过去的几个月中，我们曾经齐心协力去解决石油天然气领域中出现的一些安全问题。我们两个团队分工协作，对这个问题进行调查，对事故发生的原因进行判断，并确保类似的问题今后不再发生。我想我们完全可以凭借自己的力量解决问题，如果我们需要您的指导，我们会让您知道的。"

史蒂夫和阿齐兹承认他们对曾经那种"习得性无助"的恶性循环以及与瑞奇的不良互动负有一定的责任，他们也表示这种现象今后不会再发生。

随着会议节奏逐渐平缓下来，阿齐兹首先站起来发话了。"我想对大家说一声谢谢，我相信这也是我们两个人共同的心声——感谢你们一直以来的辛勤并毫无保留的工作。倾听他人，并不总是一件容易做到的事，但是我们却能够清楚地听见你们的声音。关于过去的种种工作失误，我向史蒂夫、向在座的其他人表示真诚的歉意。我保证尽自己最大的努力，为改变现状做出贡献。"

史蒂夫随后也起身，踱了几步，然后才开了口。"今天这个下午过得并不轻松，"他说道，"我要说的话其实和刚才阿齐兹说的是一样的。我们再也不会回到从前的那种状态了，我们需要在座的各位监督我们，帮助我们二人保持坦诚的态度。今天将会是一个新的开始。"

我们环顾四周，发现大家表现出乐观的神情，但同时又带有一点怀疑，这是很良性的兆头。其实在这个时候团队成员们还在保留着理性的判断力，他们在想："这种势头会持续下去吗？"

实际上我们也怀有这样的疑问。我们很高兴看到这两位团队领导人能够承认自己的过失并承诺在今后改进自己的行为方式。他们说话的语气都是坚定不移的，但是过去的经验告诉我们，这种坚定不移的信心或许只是暂时的。毕竟那些根深蒂固的积习是难以短期内被破除的。

我们同意在接下来的三个月时间里定期与阿齐兹和史蒂夫会面，提供指导支持。我们还计划在三个月之后再回过头来对这两个团队进行诊断。当我们走出惠灵顿石油天然气公司的办公楼时，我们的心情既是乐观的，同时又是谨慎的。

走出消极怠工型团队的困境

消极怠工型团队是破坏性的，是不健康的，是可悲的。从长期的角度来看，他们会摧毁公司所创造的一部分价值。

当你发现以下情况的时候，你可以判定自己身处于一个消极怠工型团队中：

· 在做好本职工作的同时，你同样需要花费大量的时间用来提防他人的暗算。

· 人们都喜欢当面一套背后一套，都喜欢背地里互相挖墙脚，互相算计。

· 团队成员的每一次互动中都充满了猜忌与不信任：看起来似乎人人都有自己的小算盘。

· 你总是尽量避免与同事一起合作，也害怕参加团队会议。

· 你坚信别人都等着看你栽跟头。

· 团队成员们彼此之间都爱说闲话，互相嚼舌根。

· 有一些恶劣行为以及糟糕的团队表现始终得不到应有的惩罚。

· 团队中山头林立，危害集体。

· 团队成员都感觉到一种"失败者"的体验，因为他们在这种乌烟瘴气的工作氛围中无法专心工作，也就无法产生良好的结果。

消极怠工型团队之所以无法产出可持续的成果，原因如下：

·员工的士气受挫，优秀的员工纷纷离职。

·由于团队声誉差，行业内的优秀应聘者不愿意效力于该团队。

·很多关键问题得不到处理，因为人人都想明哲保身，不愿意谈及那些敏感话题。

·团队的决策方式要么是暗箱操作，要么是高度官僚化的。

·团队成员几乎不会采取任何的风险行为或者创新行为。

·员工个人的发展与团队的整体发展都成了梦幻泡影。

·团队里的员工们都不能够专心于自己的工作。

如果你所领导的是一个消极怠工型团队，那么你要做的是——

1. 承认现状。

如果你不肯承认自己所领导的就是一个消极怠工型团队，不能为了改进这个团队付出足够多的心血的话，那么事情就没有好转的可能了。你需要反思自己和自己的团队是如何走到今天这一步的。好好回想一下，自己曾经做了哪些事，才使得这种不健康的团队运作方式产生，想想自己曾经缺失了哪些措施才导致问题没有被及时解决。

2. 探究事实，查明真相。

你可以使用各种数据与反馈资料去搞清楚团队目前的状况。学会站在他人的视角看问题。要勇于提问，同时要谨言慎行。你可以考虑让团队员工们填写"忠诚团队三视图"评估测试表。

3. 建立新的标准，做出一些艰难但是必要的决定。

你需要建立新的工作标准，并将这种标准普及到所有员工的身上。在制定团队行为规范的时候，要邀请整个团队参与其中。要确保团队中的每一个人都拥护、赞成新的制度——要知道，哪怕存在一个不拥护团队价值观的消极怠工分子，那么整个团队都有变成消极怠工型团队的危险，所以如果你对某一个人睁一只眼闭一只眼了，那么就会让整个团队心灰意冷。请记住，你的忍耐一定要有原则。

4. 维系团队的团结。

团队成员需要定期开会，你需要保证每一个人都严格遵守新的游戏规则。如果有需要的话，你可以找一个强有力的外部促进者来帮你组织团队会议与活动。这个促进者可以是一个专业的服务商，也可以是公司内部人力资源部门的一位同事，还可以是一位普通同事，但是这位同事一定要具备相关的技能，并且应该被大家认为是立场中立的。

5. 不要放弃。

作为一个团队的领导，你最艰巨的任务可能莫过于让一个消极怠工型团队起死回生。做这样的工作，需要时间和勇气。请永远保持先于团队的前瞻视野，并及时给团队成员提供回馈。请确保团队内部经常举行会议，讨论团队所取得的进步、所面临的挑战。如果有哪些员工不愿意顺应新的改变，就让他们离开。

如果你是消极怠工型团队中的一个成员，那么你需要——

1. 从自身做起。

即便你身处的团队并不能称得上是一个忠诚团队，你也可以从自身做起，成为团队中的一名忠诚分子。你不需要找什么借口，也不需要等待别人先做出改变。你应该试着去影响你的上司，让他意识到团队糟糕的运作方式将会带来多么可怕的代价。你要让上司知道你是非常愿意看到团队得到改进的，问问他需要你帮什么忙。

2. 堂堂正正做事。

无论任何情况下，背后议论团队成员这种事都不是你应该参与的。如果你与你的某位团队成员之间有问题需要解决，那么请直接找到他本人去说，而不是和别人背地里议论。也不要允许别人来找你背地里议论别人。要求你的伙伴们把问题摆到桌面上来说。

3. 将团队的规划放在第一位。

无论何时，只要有可能，一定要让团队成员们都知道，你是一个具有团队精神的员工，你所做的事情都是为团队好，而不是为了你的一己私利。如果团队中出现了破坏性的冲突以及带有偏见的争论，不要添油加醋。要帮助团队树立"正面假定①"的心态。

4. 承认自己对人际关系所担负的责任。

如果你和团队中的每一个同事，甚至包括与你的上司之间都存在着一种消极怠工型的人际关系，那么你需要好好反思自己了。你应该心平气和地坐下来，为自己的过失而道歉，要缓和团队的气氛，并重新建立你在他人心中的预期形象。

5. 保护好自己。

消极怠工型团队会对你的身心造成双重伤害。对于你能够改变的，一定要尽己所能，而对于自己无能为力的，也不要过分强求，如果实在是迫

---

① 假定他人出于好意，对人和事都做出积极善意的假定。

不得已，还是可以为了保护自己而做出一些变通的。如果你试图改善与消极怠工型的上司或者同事之间的关系，但是你的努力以失败告终，那么你可以考虑将这个问题反馈给一位专业的人力资源从业者，或者干脆放眼公司外部，去寻找新的发展机遇。

如果一个人供职于一个消极怠工型团队，或者供职于消极怠工型团队的下游团队，那么他一定会因为这段经历而蒙受损失。由于对团队弊端有着切身的体会，人们往往有很强的意愿推动团队向好的方向发展。然而真正做起来却并没有想的那么容易。我们三视团队面对客户向来是实事求是，我们对读者朋友们也是如此：重建人际关系并培养新习惯，需要花费大量的精力，也需要足够的勇气才行。团队需要有意识地做出努力，需要投入足够多的时间和精力，才能达到更好的效果。

在我们过往的经历中，我们确实见到过有些团队全力以赴，实现了从消极怠工型团队到情境型忠诚团队的蜕变。然而在大多数情况下，消极怠工型团队首先要进化成良性怠工型团队。而在所有的消极怠工型团队中，进步总是会伴随着阵痛，但是这种阵痛的代价是值得的。与其把自己当作是无能为力的旁观者，不如做出努力进行改变，那些愿意做出努力改变的团队成员们将会获得一种主人翁的意识。即便有一天这些团队成了良性怠工型团队或者情境型忠诚团队，他们的工作也远没有大功告成，只不过到那个时候，他们的工作体验将会变得更加轻松，更加令人愉快。

4

良性怠工型团队：为何你的努力不能为团队加分

当消极怠工型团队呈现出良性

戈登·斯特里特给我们打来电话，他没有浪费任何时间闲谈，就直奔主题。

"我不明白是怎么了，"他说道，"我手下有最聪明的科学家和工程师效力，但是他们的表现却远远达不到预期，我了解他们的能力。"

仅仅在一年前，戈登的公司就已经做到计算生物学领域的最前沿了。当时如果有哪一家制药公司想要寻求基因组分析数据，那么 G·斯特里特

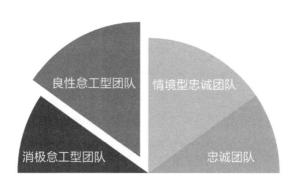

科技公司就会是他们的第一选择，而且经常也是唯一的选择。在那个时候，如果有谁问戈登所面临的最大挑战是什么，戈登只会想到一件事：他们面临的市场需求实在是太大了，简直应接不暇。不过当他收购了与自己最接近的竞争企业——马斯科技公司之后，他觉得，这个问题也已经解决了。

这场并购活动是迅捷的，也是相对容易的，因为 G·斯特里特科技公司的首席技术官简·胡，和马斯科技公司中一位地位相当的人物彼得·汤普森，两人是多年以来的竞争对手兼好友，他们彼此了解，彼此欣赏，彼此尊重。彼得搬到了位于帕洛阿尔托市的 G·斯特里特科技公司总部上班，并与简达成一致：他的团队成员可以继续留在波士顿，波士顿团队将会通过视频会议和电子邮件的形式与总部团队进行沟通合作。戈登任命彼得和简两个人共同执掌这家技术公司。

"我真不知道是哪里出了问题，"戈登说道，"按理说，这些英才之间的强强联手，发挥的整体功效应该大于部分之和才对啊，可是就眼下的情况看，却并没有发挥预期的功效。实际上整体效率反而远远小于部分之和。我们的工作进度总是比预期的要慢，这导致我们不得不一次次地修改交货日期。看起来似乎我们的工作重心正在发生偏移，但是谁也不清楚这种现象是什么时候出现的。我的董事会中有一位成员建议我打电话向你们求助。"

我们对于这家公司的情况提出了更多的询问：他希望通过这次并购活动达成哪些目标？在他看来，实现这些目标所面临的障碍都有哪些？其中最为关键的问题是什么？为了解决这些问题，他曾经做出过哪些努力？面对我们的前几个问题，戈登回答得很轻松。然而当谈到如何解决这些问题的时候，他开始有些茫然了。

"我不知道简和彼得都做了什么样的努力，"戈登说道，"我知道他们两个人工作非常努力，简直到了难以置信的地步，团队中的每一位员工也都是这样的。按理说他们本应该产出更好的工作成果，我们的客户们也应该因此而享受到更好的服务才对。"

在我们的工作中，我们经常会听到类似这样的事情。公司的总裁们花费了大量的时间关注企业外部资源的交涉：股东、银行、客户以及董事会。这样做的结果就是他们可能并不会过多关注技术层面的工作，关注企业内部的运转。因为这些总裁们聘请了最优秀的员工，他们理所当然地希望员工们能够在有限的投入基础上出色地完成工作，所以总裁们也就缺乏对企业内部的关注。然而，所有的总裁大人都必须理解企业文化为何物。公司的总裁们应该对公司领导团队的质量以及效能负责。

戈登的说辞与我们之前所合作过的公司总裁们如出一辙，他说："我不明白为什么那些原本聪明的员工就是搞不定工作上的事。"

于是我们向他解释了我们以往向所有的潜在客户所解释的一些道理。优质的调查数据是最强有力的。即便是最聪明的人，如果不能够准确定位问题的关键所在，那么他们也不可能清楚认识并解决团队运行中的效能低下问题。

采用数据驱动的分析方法，一个好处就是能够在讨论的时候很大程度上排除情感因素的干扰。这样就能够使我们集中注意力去关注团队成员目前的行为方式。我们向戈登说明了我们的诊断流程，并提议我们一开始先对公司员工以及主要股东进行访谈。

随着我们进一步阐释接下来的步骤细节，戈登犹豫了。他开始盘问我们的底细，问我们曾经跟什么人合作过，问我们的工作方法，还问我们有哪些量化标准能够证明我们的工作是成功的。我们向他解释道，我们以前曾经跟各行各业的数以百计的公司团队合作过，我们也积累了一个关于企业团队发展路径与特征、关于企业如何协作提高产能的非常健全的数据库。我们解释说，卓越的团队往往都遵循着特定的发展模式，而这种发展模式一方面是清晰可辨的，另一方面又是可以复制的。如果我们能够对这个技术团队进行诊断测试，并将测试结果与我们的数据库进行比对，那么我们就能够为这个团队指出非常明确的努力方向。

当听到我们说我们的团队改进建议有数据作为支撑的时候，戈登稍稍放松了警惕，但还是保持着谨慎。

"你们看，"他说道，"我的手下有十几个人都是杰出的科学天才。你们以前与科学家们合作过吗？你们打算采取什么措施帮助他们呢？"

"是的，我们以前确实与科学家们合作过，"我们告诉戈登，"现在就确定使用何种工作策略，还为时过早。"

戈登同意让我们进行访谈活动，并表示等我们的访谈报告出来，他再决定接下来要怎么做。

而随后我们进行的访谈，如我们之前所经历的许多访谈一样，都是富于启发性的。当我们邀请简参与访谈的时候，她给我们提供了几个选择。"我们可以在晚上七点钟会谈，或者在早上大家来上班之前，"她说道，"一旦办公室里面挤满了人，那就正是我忙得不可开交的时候了。"

我们选择在早上进行约谈，地点在她的办公室里，当时她刚刚泡好了一杯咖啡。她的风格正如她的上司兼多年导师戈登那样——不用任何铺垫就直接进入主题。

"我真的非常欣赏从马斯科技公司过来加入我们的这些天才同事们，"她说道，"但是他们的行事风格有点太古板了。我们的团队就好像一个爵士乐队或者是一个即兴乐队那样，我们彼此批判，争先恐后，尽情发挥即兴创作的才能。可是他们的团队，怎么说呢，就像一个军乐队一样一板一眼的。"

当我们邀请简进一步描述她所观察到的两个团队的差异之处时，她直接就谈到了团队会议时的情形——当东海岸和西海岸的两个团队之间举行视频会议的时候，两个团队都是通过墙上的屏幕，以二维图像的方式呈现在对方眼前的。简在向我们提到她的原始团队——就是她原先在 G·斯特里特科技公司雇用的那些员工所组成的团队——的时候，她的语气就好像他们是一家人一样。在这样的一个大家庭里，成员彼此之间从不羞于激烈争论甚至争吵，他们会批判彼此的工作，也会在需要的时候彼此求助。

"有的时候，会议都已经进行了有一会儿了，"她说道，"这时候我才意识到我们没有听到波士顿那边的团队发表什么意见。这时候我会看向屏幕，我发现他们的表情倒并不是被我们的争吵给吓倒了，但是可能就是没有参与到会议讨论中来；他们的样子就好像是在纳闷：'你们这帮家伙到底在搞什么呢？'我非常钦佩彼得，但是我很担心我们的这种沟通交流的方式会挫伤他和他们团队的积极性。"

我们询问这样的现象对他们的工作产生了什么影响。简迅速为我们列举了如下几条：

· 我们对谁应该担负哪些责任并不明确。

· 团队之间的工作交接是草率而不确定的。

· 每次两个团队开会讨论的情形像极了电影《土拨鼠之日》①中的场景。

· 我们对人与事的决策权分配不明确。

· 我们总是不能够如期完成各项任务。

· 团队的所有成员不能够统一步调达成共识，导致团队的工作摇摆不定。

　　那天上午晚些时候，当我们走进彼得的办公室时，他说："咱们还是到楼上坐着说吧。"他把手头打开的文件合上，关掉手机，把手机留在办公室里，然后带领我们来到了楼顶上的天台。

　　"你们可能已经了解到了，"他说道，"简和我是多年的老相识了。当然，我对戈登也有一些了解。他在我们这个领域简直是一个传奇式的人物。能够跟他这样的人共事，是一件非常荣幸的事情，他手下的这个团队也是非常精锐的。我们脚下这栋大楼里，聚集了一群最优秀的大脑。"

　　我们能够感觉到，他有更多的话要跟我们说，所以我们等着他继续说下去。

　　"他们确实很出色。"他说道，同时他放慢了语速，仿佛是在寻找恰当的措辞，"我只是担心，他们可能有时候在做不必要的冒险。他们只顾

_____

　　① 译者注：1993 年美国电影《土拨鼠之日》（*Groundhog Day*）讲述了一个关于时间重复循环的故事。本书在这里用电影中周而复始的时间循环来形容该企业的团队会议在费了一番周折后往往又回到起点，陷入毫无进展的死循环。

一味地高速前进，似乎并没有想过要停下来好好反思一下他们的决策将会产生怎样的影响。有时候他们团队的人会在晚上十点半给我打电话，每次我都纳闷，为什么就不能等到第二天早上再说呢？"

"对这件事，我在波士顿的团队同事们也是一样的感受。他们有时候会在半夜时候收到一封邮件，临时通知第二天开会，这简直要把他们逼疯了。"彼得摇头说道，"我那边的伙伴们都习惯于在开会之前做充足的准备。但是那种事到临头的会议通知简直不给人留出准备的余地。"

在与彼得谈话的过程中，我们了解到，他对这次企业并购确实举双手赞成。当谈到两家公司所拥有的人才资源以及双方合并之后所蕴含的潜力时，彼得的观点与我们之前听到的简的意见简直如出一辙。

"你们要知道，"他说道，"我们都曾经花费了尽可能多的时间并尽可能努力地进行专业研究，因为我们相信，一旦先进的计算模型被应用到人类基因组的研究中，那将会为我们理解人类疾病的方式带来重大改变。早在这次并购之前，我就曾经设想过 G·斯特里特科技公司与马斯科技公司携手并进的情形，我当时就觉得'天啊，就应该是这样。我们两家通力合作，将会为各种疾病找到治疗的方法，为现实世界的问题找到解决之道。'"

彼得摇了摇头，接着说道："可是现在事情并不像我想的那么简单。"

我们询问彼得，两个团队企业文化之间的这种不协调，给他们的业务带来了怎样的影响，彼得拿出了一张表单：

· 自从双方团队达成协议之后，事情发生了一些转变。

·我不确定双方团队的工作进度是否保持一致。

·我们这边的团队在进行决策的时候，往往难以获得简的团队的完整信息依据。

·我们有一些关键的任务没能按期完成。

·我们没有太多的时间进行工作规划准备。

在随后我们采访简和彼得各自团队成员的时候，我们也听到了类似的失望与不满论调。波士顿团队的员工们每次开会结束的时候都感觉会议并没有形成一个明确的后续行动方针，为此他们感到很沮丧。"每次会议开完了，我连一个明确的后续分工安排都听不到，"一位员工说道，"通常我还得打电话给彼得进行二次确认才行。"

简团队的一位员工则感觉到双方团队的成员太过于担心会无意中触犯到彼此，以至于这两个团队根本没有真正地融合到一起。"当这两个团队坐在一起开会的时候，我们本来应该情绪饱满地把一些问题讨论透彻了，"她说道，"可实际上呢，大家的精力都被白白浪费了。"

有几位公司员工谈到了他们的老板戈登。每个人都十分认同他在这个行业内作为领军人物的地位，但是这份敬仰之情如今却掺杂进了一丝失望的情绪，因为他们从来没有见过戈登本人，也没有听过他任何工作上的指导。波士顿团队的一位成员说道："我知道他日理万机，有很多事情要做，我也知道他花费了大量的时间与银行家沟通，为公司争取投资。但是如果我们能够有机会了解他的战略视野、了解他对企业工作的优先级排序以及对公司发展的前景期望的话，我觉得我们的工作可能会更有动力和目标。"

在访谈结束后，我们回顾了访谈结果，并立刻分析了记录的数据，撰写了一份报告。我们在保证所有受访员工的个人信息不被泄露的同时，提取了他们的主要观点。我们首先对这家公司所拥有的积极因素进行了快速分析：

· 技术上的高度专业性。

· 员工对自己的工作以及同事们的智慧都有着高度的尊重。

· 大家对全公司各级员工所拥有的才智都深信不疑。他们相信公司拥有最出色、最聪明的员工。

· 员工对公司的工作以及任务有着高度的热情。

· 团队成员们热切地希望为公司创造价值、做出贡献。

· 所有人都迫切希望解决公司目前面临的问题。

接下来，我们又快速分析了公司目前面临的困境：

· 两边的团队各自为战，并没有形成真正的统一与融合。

· 双方的企业文化模式相互冲突（严肃正式与活泼率性，有条不紊与突发奇想，速度第一与质量至上），已经对双方之间的信任造成了削弱。

· 目前员工们急需 CEO（首席执行官）提供更多的指导、交流以及对公司前进方向的指明。

· 公司的岗位角色、职责分配、工作对接以及工作流程全都缺乏清晰度（他们知道工作目标，但是不知道如何才能通力合作达成目标）。

·公司还没有形成统一明确的工作行为准则与企业文化标准，对于公司发展的期望也不够明确。

戈登在看到这份报告之后，给我们打来了电话，他说："在公司困境列表当中，有两三个项目是让我很吃惊的，但是我对于你们所观察到的积极因素列表非常满意，尤其是员工们都迫切希望解决问题这一条。"

随后他出于确认的目的，又问了我们几个问题，并最终决定采取进一步的行动。"那么，接下来该怎么办？"他问道，"我们要朝着哪个方向去努力呢？"

简和彼得都希望他们所领导的团队能够同心同德，合二为一，希望能够让性格各异的员工们朝着同一个目标团结努力。我们提议进行一次为期两天的场外团队建设会议，这是一个契机，可以让两个团队的员工们开始构建起相互之间的信任，并建立起更加高效率的沟通路径。而我们将会利用这次机会开展工作，让两个团队真正融为一体。这次活动结束之时，该团队将会获得一个非常明确的后续行动计划。

简和彼得希望戈登把各项工作暂时搁置，挤出时间来出席会议，以此来向全体员工表明他对公司团队的重视。他们希望让每一位员工都明白：戈登先生非常乐于也非常努力地在帮助团队解决一切阻碍进步的问题。

"非常好，"戈登说，"如果我们的会议在旧金山的一家宾馆里举行，那么大家就会感觉自己脱离了办公室的紧张气氛，我也可以来参加会议，至少每天都会出席一段时间。"

两个星期之后，东海岸和西海岸的两个团队的成员们齐聚在了旧金山的一家精品酒店里。这家酒店拥有绝佳的会议场所，他们有足够的沙发和咖啡桌，可以让团队的全部成员舒舒服服地就座，轻松愉快地交谈。在会议的第一天早上，戈登做了一个简短的开场演讲——非常的简短。

在整个硅谷内外，戈登最为人称道的优点之一就是思维的运转速度极快。每当人们谈到戈登的时候，他们都会谈到这个人的智慧、他的工作动力以及从浩如烟海的数据中精准挑出关键数据的能力。不过人们几乎从来没有讨论过这个人的社交能力。但是当他出现在技术部团队的面前进行演讲时，他便用行动给出了证明。

"如果要让我挑选出我们这个领域里最为杰出的十二个人才，选出十二个我认为最能够改变未来的人，那么我相信这十二个人此时此刻就坐在咱们这个房间里，"他说，"我当初笃定心思认为两家公司的结合将会带来无与伦比的巨大效益，事实证明我是对的；我信任在座的诸位伙伴，事实证明我也是对的。"

他环顾在场的各位，几乎是面带微笑地说道："但是如果说我犯了什么错误的话，那么其中一个错误就是相信我们可以自发地组成一个团队，相信我们团队能够自发地有机结合在一起，相信这种融合不需要经过努力就可以实现。"

"现在，我们的创新之路似乎遇到了阻碍，我们没能以我们本该有的速度前进。但是我知道，在座的各位对我们的事业所抱有的热情丝毫不逊于我本人。我完全相信，你们能够意识到问题的存在并且找到问题的解决之道。那么接下来的时间，就拜托各位了。"

在座的员工谁也没有动，谁也不知道接下来该说什么。戈登只是走进了鸦雀无声的会议室，感谢大家的出席，祝愿各位好运，然后，他仿佛耗尽了这一天中所有的社交能力一样，匆匆地离开了房间。

简率先打破了沉寂的僵局。"那么，"她说，"刚才的演讲其实很好地提醒了我们今天来到这里的任务。我们今天是要共同来探讨一下彼此之间的差异性的。"

彼得补充说道："这次的演讲再次强调了简和我都相信的一点：我们共同努力一定能够解决目前的困境。我们一定要完成这一任务。简和我都百分之百地愿意帮大家解决问题，我们愿意为此尽己所能。"

接下来，两位领导就把控场权交到了我们手中，我们请团队成员们一起谈一谈自己对团队未来发展的期许：他们希望或不希望看到什么事情发生。这一提议立刻引来了大家的积极响应。这种交谈使得团队成员们能够以一种更加亲切、私人化的方式彼此交流。果然不出所料，和我们所经历过的那样，员工们发现自己与同事很快就达成了共识：他们对团队未来的期许，以及最不愿看到的状况，都是相同的。在我们收集信息的过程中，我们听到了如下的言论：

希望：

·团队重新焕发创造力。

·团队在工作中能够做到言出必行。

·能重新让员工感到自己可以全心全意为团队做贡献。

·团结一致，同心同德。

不希望：

· 团队痛失眼下的发展良机。

· 团队明明拥有该行业领域内最顶尖的人才却不能使他们团结协作。

· 花费大量时间用于团队建设但却收效甚微。

· 对实质性的问题避重就轻。

· 现存的企业文化迫使我们不得不舍弃一些自己热爱的品质。

"现在看来，我们所有人——无论起初效力于哪一家公司——在对团队发展的希望与担忧的问题上都是不谋而合的，"简说道，"大家都和我一样，对咱们现在的企业文化以及以往的做事方式一直心存质疑。"

我们向他们解释道，这种现象其实是很常见的。通常，我们在同一些刚刚完成兼并与收购的企业客户进行合作的过程中，会了解到他们的员工们担心改变企业文化将会对公司的竞争力造成损害。如果人们已经取得了一定的胜利成果——就像 G·斯特里特科技公司以及马斯科技公司的资深从业者们曾经做到的那样——那么他们就会相信自己企业竞争力的源泉正是自身原有的企业文化。他们会认为，一旦试图改变企业文化，就等于是拿整个企业的发展前途做赌注。

一个公司的企业文化最为清晰可见的标志就是他们的会议节奏以及平时的着装风格。我们请两个团队的员工们深入思考他们的企业文化，并分析为什么同一个企业内部会形成两种不同的企业文化。

"我们团队平时做事非常谨慎，"彼得说道，"其中原因之一是，我们认为我们的工作非常重要，我们不想出现错误，不想损害产品在人们心中的形象。"

在场有几位员工点头表示赞同，而 G·斯特里特团队这边有一位最早跟随简一起工作的数学专家贾马尔（Jamal）则说道："这种论调是很可笑的。当我最早来到 G·斯特里特科技公司做事的时候——简，如果我说的不对请更正——我觉得我们当时正是出于刚才你说的原因，才决定要以尽量快的速度推进工作。我们觉得肩负的工作太重要了，所以我们只有加快工作进度，发挥人的极限潜能快速做出决策才行。"

随着谈话的进行，越来越多的人加入了讨论。他们有的补充描述了他们各自部门的团队文化，有的则表示不确定如何才能够让两个团队融为一体而又不丧失各自的最佳优势。

我们告诉他们，这正是戈登召集我们所有人来到这里的原因所在。我们讲解道，任何一家企业的企业文化都是经过有意识的建设才得以形成的，而如今，他们这个通过并购组建的新公司，也完全可以遵循相同的路径。如他们所见，团队成员们拥有共同的期望、担忧以及价值观。每个人都对自己的工作以及自己的伙伴充满了信心，所以在这次团建活动剩余的时间里，我们将会帮助他们，利用大家对团队共同的信念，建立一个服务于所有人的全新的企业文化。

我们让大家进行了短暂的休息，然后等着大家陆续重新就位。接下来我们向他们介绍了忠诚团队的概念。我们详细梳理了最高效能的团队所共同拥有的一些特征与特质，另外也指出了失败团队所共同遵循的路径。

在我们详细介绍了四种团队类型之后，我们问在场的员工，他们认为自己的团队如今属于哪一种类型。

"我觉得是良性怠工型团队。"来自波士顿的一位工程师说道。

"我同意她的观点。"来自帕洛阿尔托市的一位员工表示。

"这样吗？"简看着彼得问道，"我本来以为咱们团队能归到情境型忠诚团队的范畴内。我不认为现在我们的成员都只是各自为战而不支持团队的整体安排。"

贾马尔开口了，"好吧，我觉得问题在于，两个团队的情况真的一致吗？"他转头看向了彼得并继续说道，"我是说，彼得，你确实很出色，但是情况真如你所说的吗？你看，即便此时此地，你喝水用的旅行杯不还是印着马斯科技的标识吗？"

彼得低下了头，面带愧色地推开了面前茶几上的杯子。"是的，或许我们现在更像是假装在一起的两个团队而已。"他说道。

这一承认的举动是具有突破性的。双方团队中有一方的领导终于承认了之前每一位员工都心知肚明却不知道如何指出的问题。这为我们接下来的场外会议推进创造了良好的势头。

我们把公司团队分成若干个小组，给了每组一块黑板，我们要求每个小组列出当前团队运行中出现的积极因素与消极因素。随后我们将各小组的列表内容收集起来，形成了如下结论：

积极因素：

· 公司有头脑聪明、知识渊博的员工。

· 员工有工作热情。

· 团队成员互相欣赏。

·大家觉得自己的工作精彩而有意义。

待改进的地方：

·感觉自己的意见并没有得到倾听与理解。

·工作重心太多了，而且还一直在变。

·有时候我觉得我们掉队了，我们想追赶，但却不知道应该做些什么。

·很多很多时候我都不知道别人在干什么。

·重复性劳动太频繁了。

·在最具决定性的一些工作上，我们配合得并不好。

彼得站起身，走到黑板跟前。"哇，看到这样明确写出来的东西，一切问题就都明白了。我们确实应该做一些实质性的工作。"

他看了看简，然后转身面向整个团队的众人问道："如果要让团队有所改观，你们希望看到我们（管理者）做出哪些改变呢？"

彼得话音刚落，大家就争先恐后地给出了答案。公司员工们——无论是来自波士顿还是帕洛阿尔托的——每个人都有话要说。而且每个人都憋了好久了，恨不得马上一吐为快。

"我们希望你们拥有一致的目标，制订共同的计划。"

"我们希望你们能够联手领导团队，而不是像一对离了婚的父母一样各自为政。"

"如果我们想要凝聚成一个团队，我们希望看到你们对这件事的重视。我们希望你们把这件事当成一件要务来抓。"

当大家的呼声渐渐消退的时候，贾马尔开口了："我了解我自己。过不了多久我就又会重拾以前的那些坏毛病，所以要想让我保持这样积极的工作状态，那就要靠你们的努力了。"

就在这时候，我们适时介入了。"非常棒！感谢各位的坦诚。不过根据我们对团队的研究来看，不只是团队领袖，每一位成员都应该为团队建设负起责任来。"

看起来这似乎是一个完美的节点，可以让我们对这一天的会议做个总结，于是我们宣布散会，让大家去吃晚饭了。

第二天，我们把员工分成三组，每组四人——其中每个组都包含东部和西部的成员。我们给他们布置了简单的任务：谈谈一直以来你对公司领导层最不满意、最无法接受的一点。

几乎就在我们说完的一瞬间，房间里的音量陡然增大。整个 G·斯特里特科技公司的团队成员们迅速开始了紧张热烈的讨论。在经历了第一天的那次热闹的会议之后，就连来自波士顿团队的员工们都开始放下顾虑，畅谈公司的问题并积极献计献策。

经过了大约一个小时的讨论之后，各个小组的讲话音量慢慢降了下来。这时候我们把大家重新召集到一起，分享刚才讨论的成果。每个组在讨论中都有了一个重大的发现：他们的同事真的很有真知灼见，也有很多金点子，往往还能够提出问题的良好解决办法。各个组的组员们都意识到，原来他们的同事们都是唾手可得的非常棒的资源，可是以往，当他们在例行公事的电话交流中，却忽视了这一事实。其实很多时候，东西海岸的两个团队，原本可以不用经过彼得和简，就直接彼此沟通搞定一些问题。

"我觉得，一直以来我都是在等待天使来帮助我，可是今天我才发现，很多问题只要打电话问问帕洛阿尔托的伙伴们，就可以得到答案。"波士顿团队的一名生物学家劳伦（Lauren）说道。

"照你的意思，我们都是天使下凡咯？"简打趣道。

房间里的气氛变得活跃起来，两位团队领导也感到如释重负，因为一直以来困扰他们的瓶颈终于被突破了，整个团队又重新焕发了生机。如果两个团队之间的信息交流不再像以前那样仅仅靠两位领导作为中间的纽带和桥梁，而是可以由双方的员工们以多途径的方式自由沟通的话，一定会有更多更棒的创意涌现出来并得到大家的反馈；这不但能提高工作效率，也能让更多的人参与其中。

对于帕洛阿尔托团队来讲，这简直就像是上苍的一份恩赐：今后他们的很多问题都将如愿以偿地得到答案。而波士顿团队也有着同样的感触：他们的智慧与思考将会得到伙伴们的迅捷反馈。

为了保证信息交流的通畅并防止旧有工作模式的复生，我们请 G·斯特里特团队的每一位员工从在场的东海岸同事当中挑选出两三位最为熟识的，结成对子，以便今后更好地沟通协作。每个小团队的成员们达成约定：或者建立起常设的电话沟通，或者在日常例行工作中加入一项环节，以便双方团队能够保持紧密的联系。

"大家也都知道，"简补充说道，"现在飞机也挺方便的，每天都有很多往返航班。如果你们需要彼此会面，那就买一张机票飞过去面谈就好。从今往后的三年内，我可不希望看到各位因为舍不得五百美元的机票钱，而错失解决重大问题的良机哦！"

　　在场的各位会心一笑。彼得说："虽然搞笑，但她说的是对的。我们没有理由不做好这一点。今天这次会议是天赐良机——对我们这个团队以及整个科技公司来讲都是如此——这样的机会在我们整个职业生涯中，都不会再出现第二次，甚至一生当中也再难遇到。我们需要珍惜这次机遇。"

　　在场的员工纷纷承认这一点：如果他们继续按照过去一年的行为模式去工作的话，他们将会错失扭转局面的最佳机会。

　　在这个时候，我们又向团队提出了新的挑战：将大家渴望变革的热情转化为切实的行动。我们提问道："既然如此，那么我们首先需要采取什么样的关键行动呢？"

　　"我们能不能首先对每个人现在正在做的业务做一个全面的分析呢？"贾马尔开口了，"我们甚至一无所知。"

　　彼得点了点头，简说道："嗯，我同意。这是打破隔离局面的第一步。那么接下来呢？"

　　于是我们帮助他们思考一些能够促进协作的方法，并且设想相应的结果会是什么样。最终，整个团队做出决定：首先大家要乐于将一切问题摆在台面上讨论，并对员工相互之间的合作模式进行评估，还有就是考虑对每位员工的个人岗位以及职责进行一定的变更。

　　"重建组织结构图？"彼得说，"不错嘛，感觉是个很棒的点子。"

　　简和彼得明确表示，他们会将这项工作放在首要的位置。他们承诺会在下周末之前为公司团队制订一份关于组织结构重组的工作纲要。

　　"各位终于获得了正确的导向，"我们说道，"你们已经取得了难以置信的进步。这是一次将会带来巨大改观的战略性转折，但是这需要经过一定的时间才能够完全实现。现在咱们还是探讨一些眼下就可以解决的基本问题吧。哪位能想到一些我们可以立刻解决的问题呢？"

一位来自波士顿团队，之前发言并不算活跃的女士开口了。"有时候我一早来到公司，就收到一封半夜里发来的电子邮件，叫我先去参加一个什么会议，这真的让我很头疼。"她说，"我们能不能先说好，今后避免这种事？我们能不能规定第二天上午九点钟的会议邀请不要等到晚上十一点钟才发？"

在场的人纷纷表示同意，随后其他人也纷纷提出了自己的诉求，我们将其一一记录如下：

·在会议之前先制定好议程，会议过程中要严格遵守。

·有问题一定要及时打电话沟通。

·有问题一定要找能够解决问题的人直接沟通，而不是找别的什么人去发牢骚抱怨。

讨论进行了片刻之后，门开了，戈登重新走进了房间。每个人都转身看去，面带微笑并招手致意，随后继续大声讨论他们希望得到解决的事项。这位老总看起来对这种变化还有点困惑，于是自己找了个座位，静静旁观着讨论的进行。

大家还提出了如下事项：

·我们应该承认并庆祝我们共同取得的进步。

·及时反馈。

·对别人的想法，要及时提出意见和建议，有事摆在台面上，正大光明地讨论。

最终，讨论告一段落，我们注意到，事项列表中的每一项都需要大家共同负责完成。"在座的每一个人都应该对表单上的各项事务负起责任来，"我们说道，"想要你们的团队成为一个忠诚团队，每一位团队成员都应该表现出一名忠诚员工的风貌来。"

最后在讨论环节的结尾，我们邀请每位员工向大家说说自己将做出哪些努力以便成为一名忠诚员工。当员工们都发言完毕之后，大家纷纷将目光转向了戈登，想看看他作何反应。

"哇，"他说，"我能说两句吗？这个房间里此时的状态与我昨天离开的时候真是太不一样了。我其实并不太清楚这期间具体发生了什么，但是我非常高兴看到这样的成果，我被你们的工作热情深深地打动了。我感觉我们正迎来一个新的开始，一个团队的新生。我觉得我们应该庆祝一下。要不我们去楼上喝一杯怎么样？"

三个月之后，我们邀请戈登进行一次后续电话访谈，戈登让我们先找彼得和简谈一谈然后再向他汇总。当我们接通简的电话的时候，她的语调中洋溢着兴奋。

"那天我们和戈登一起喝酒庆祝的时候我就知道，有一些改变已经发生了，"她说，"从三五成群的同事身上我就能够感受到这一点，甚至在我离场的时候都没有人注意到，也没有人特别在意。而且那天到最后陪着戈登离场的，竟然是两位来自波士顿团队的伙伴。"

"不过也别误会我的意思，"她继续说道，"事情并不像童话里那么美好。我们关于首先要做什么工作也曾进行了几次激烈的讨论，但是我们都能够勇于坚持己见，我觉得我们真的是进步了。有几次我确实看到有人重拾了旧有的行为模式，但是团队成员们都能够及时尽责地指出问题并且及时解决。往往是后退一步，却前进了两步。"

彼得的风格一如往常，他说，那次场外会议结束之后他其实并没有立即离场，而是留在会场静静观察了一小会儿。他始终保持谨慎的乐观，但是也意识到新的改变已然降临：有一次，简团队有一名直接下属提出建议说，以他的工作内容，如果改为向彼得汇报的话，会更加有意义。

听到这件事，我们感觉非常激动。一般来说，对组织架构的调整都是由领导管理层来提出的。一旦团队中有一位成员提出变更建议了，那就说明他对整个公司团队的需求有着非常深切的关怀以及深刻的领悟。我们对彼得说出了我们的想法："这意味着团队的重大进步。要知道组织架构调整往往是最艰难的工作。"

"那只是多米诺骨牌的第一块而已，"他说道，"到现在为止，我们已经重组了整个公司团队。现在公司的组织架构已经不仅仅局限于地理因素了。我们也有几位团队成员因为组织架构的调整而选择了变更工作地点。我敢肯定我们的差旅预算要乘以三了，但是这很值得。"

戈登是最后一个与我们交谈的，不过他的话很有分量。"简和彼得的工作真的有了长足的进步，我们的生产力也在提高。"他说，"我再也不用担心我们的科技团队错失发展机遇了。不过我们的高层管理团队却还是原来那番景象。或许我们应该给他们也安排一次那样的团建活动。"

在虚拟世界中建设忠诚团队的奋斗历程

在良性怠工型团队的众多成因中，企业兼并与收购是最为常见的。而全球化的挑战则紧随其后位居第二。随着越来越多的技术与贸易协议的签署，更多的企业得以走向世界舞台参与竞争，这也就使得很多供职于跨国企业的员工在地理位置上远离集团的总部。这样的跨国公司，其维系依靠的是分布在世界各地办事处的员工，他们的主要沟通都依赖电子邮件以及文字消息。

玛尔塔·曼宁（Marta Manning）就经营着这样一个团队。作为阳光远程通信集团（Sunlight Telecom）的全球人力资源部门总监，她手下的员工遍布北美、欧洲、亚洲和大洋洲。她在任职的十年中，大多数时间都专心于全局战略、管理层薪资、董事会应酬以及公司整体运作这样的大问题；剩下的，她会放心地把解决各部门日常需求的工作交给自己的团队去做。她最常说的一句话就是，她雇用了一群最棒的员工，还是不要妨碍他们的好。

不过，即便她想要去干涉属下们的工作，也并不容易做到。在她的直属下级中，有三人来自亚特兰大，而其余人则分布在香港、巴黎和悉尼。玛尔塔鼓励手下的每一位员工都要遵守企业文化，在进行决策的时候要首先考虑他们所在的当地团队的利益。如果澳大利亚的人力资源经理提出了一个非常棒的企划，那很好，玛尔塔就会放手让她去执行。如果巴黎的人力资源负责人设计出了一个培训项目方案，那也不错。这位巴黎的负责人将获准对其方案进行讨论、修正，并推行到整个欧洲，只要在决策过程中始终让玛尔塔知情就可以了。有时候，如果玛尔塔的团队成员中有谁想出了非常棒的点子，她觉得这个点子也会对别人有所帮助，那么她就会请这位成员跟同事们分享一下。当然，有些决策将会调控全球所有部门的绩效管理以及行为规范，对于这些决策的执行，团队中的所有人就要集体负责。

然而在 2013 年，玛尔塔却打电话向我们寻求帮助，原因是她的授权发生了变更。阳光远程通信集团的新任总裁想要提高除亚特兰大总部以外的各地分公司的工作效率。集团进行了一次大范围的外部评审，结果发现了大量的效率低下、重复劳动现象以及工作中的双重标准现象，这些乱象不但拖累了集团的整体收益率，甚至还对集团的声誉造成了影响。各地分公司处境各异：有的面临着当地人对安全问题的高度关切，有的则因为严峻的道德调查而陷入公共关系的危机，这家全球化公司的体系执行情况犹如一幅巨大图景显现在人们面前，很显然，旧有的依靠地缘进行管控的公司模式已经不再适用了。

这位新官上任的集团总裁想要全面改善公司的管理方式，想要找到当下低效能乱象的症结所在，同时还希望能够保证各地分公司提供的服务不低于当地的正常水平——他决定从人力资源着手。

"我有六个直属下级，我们的工作地点横跨十四个时区。"玛尔塔说道，"这次集团对全球范围内的管理进行改革，势必会对我们的工作以及生活造成重大影响。"

玛尔塔继续向我们描述着团队的情况，从她的描述中，我们感觉他们的团队更像是一群临时搭伙做事的个体，而非一个紧密协作的团队。每个人都有着自己的工作计划、自己的工作优先级以及战略决策。团队中有几位业内资深的成员甚至还做起了自己的小项目并乐此不疲。每个地区分部门与总部之间的互动方式以及互动频率各不相同，因为如何向总部汇报甚至是否需要向总部汇报都是由他们自己决定的。

在玛尔塔的估计中，她的团队成员彼此并没有任何的矛盾。毕竟如果要喜欢或者讨厌一个人总需要有一定的了解，可是各地的团队成员们彼此连这点了解都不具备。玛尔塔偶尔会要求团队召开全体电话会议，但是从后勤方面来讲，这是一个巨大的挑战——因为时差，有些人不得不在当地午夜参加会议——所以玛尔塔也不经常开这种会。基本上，团队成员对彼此的了解仅仅停留在群发邮件的收件人名单上，也只有在某人选择"回复全体"的时候才算是进行了彼此交流。

"现在，我需要把所有的下属召到一起，要他们紧密团结在新的领导核心周围，拥护公司新战略。"玛尔塔说，"而且我需要很快完成这个任务。我们总裁非常重视这次集团全球改革，我的团队要一马当先。"

玛尔塔希望与我们见面以便进一步的交谈。刚好她下周需要到科泉市（Colorado Springs）出席一次行业会议，所以她安排了同一天早些时候的飞机，与我们约在丹佛市见面。在我们一起就座之后，她告诉我们她计划召集整个团队在亚特兰大召开一次会议。她问我们能否提供帮助。

我们向玛尔塔解释说，根据我们所掌握的信息，她所描述的这种状况，在那些由全球各地员工组成的团队中是很常见的。而造成这种状况的原因也是很简单的。毕竟作为一般人，我们都更容易跟每天能见面的人沟通。

我们可以聊聊最新的电视剧，聊聊上班路上有没有堵车，或者聊聊天气，仅仅通过这种简单的、低风险的闲聊，我们就可以增进彼此的了解。

而对于一个其成员彼此之间几乎素未谋面的团队而言，最快捷的解决方案就是举行一次面对面的集会，这样可以促进成员的团结，建立起必要的人际关系纽带，以便大家日后能够携手共进。我们同意协助玛尔塔策划并推动这次会议，但是我们需要了解更多的信息。

玛尔塔表示，当前的情况对她的团队成员们而言总体是好的。他们在各自的工作岗位上做得都很开心，也深受当地分公司成员们的欢迎。玛尔塔并不担心团队中的某一位成员——实际上她真正担心的是在如今现有的企业布局下，这几位团队成员并不能够学会彼此帮助、分工协作，最终还是会陷入各自为战、重复劳动的局面。

"我们位于各地的分公司——不仅仅是人力资源部门——他们都很乐于保持当地现有的企业文化，"她说，"正因如此，有时香港分公司的人提出的一项全新的企划，要想在巴黎分公司取得类似的效用，就必须经过一番改动才能执行。"

玛尔塔还说，她这个团队的成员都很喜欢这种充分的自治权利。他们非常乐于举办自己的展览会、提出新的项目策划，而玛尔塔本人也乐于见到这种现象。"他们拥有创业者的精神特质，我不希望他们失去这份闯劲。"她说，"我也不想失去团队中的任何一位伙伴。"

玛尔塔和她的团队需要适应这种新的改革变化——他们别无选择——但是我们认为这并不意味着他们非要丧失掉自身原有的个性或者是创造性。如果他们学会以一个团队的姿态去工作，那么从前那些各自为战的个体在今后遇到问题时，就能够从那些有过相似经历的伙伴那里得到支持，汲取智慧。在分享各自独家智慧的过程中，在思想的彼此传递中，每一位队员都将获益匪浅。一旦获取这种支持，他们将会从烦琐的日常问题处理中解脱出来，去思考更大的问题。

我们向玛尔塔介绍了忠诚团队理论，并带着她仔细梳理了四种团队类型。我们告诉她，最高效能的团队一方面要求员工做到最好，另一方面也会为员工提供最大的回报。

为了达成这一目标，团队中的每一位成员必须首先学会忠诚队员的一些特质。尽管忠诚团队的人际关系建设是由所有成员共同负责的，但作为团队领袖，她还需要制定一个较高的标准。因此，玛尔塔将不得不一改往日居高临下的领导风格，真正做到深入了解团队成员的工作内容以及他们彼此之间的交流方式，此后一旦团队成员之间的交流出现障碍，她还要及时进行团队人际关系的维系工作。

玛尔塔沉吟了片刻。我们几乎可以清楚地看见她内心的算盘——这样一来她花在办公室里的时间、打电话沟通的时间就不得不增加，陪伴家人的时间就不得不减少，她还要计算因此而增加的差旅时间以及离家时间，今后还不得不亲自裁定关于公司以及团队的一些大事。

"最令我困扰的是，我现在的工作已经非常耗费我的时间和精力了，我负责向董事会汇报，还要统领集团办公事宜。"她说，"但是我又别无选择，改革势在必行。虽然不愿承认，但是我觉得我们团队当前属于良性怠工型团队的类型。"

我们也深知这一点。在我们先前的交谈中，我们已经从心态上分析了良性怠工型团队的特质以及特征了。虽然我们一贯喜欢使用"忠诚团队三视图"以便从所有的股东那里获取对新客户团队的深入了解，但这一次，我们不需要那些数据就可以了解了。

根据我们已经掌握的信息，我们可以很容易地从已知的四种团队类型中排除掉三种，从而得到唯一的选项。如果一个团队是消极怠工型团队的话，那么团队中应该至少会有一个人非常积极地去破坏另一些成员甚或是所有成员的工作，而阳光远程通信集团在全球的人力资源团队成员之间基本上井水不犯河水，不满足上述条件。

根据类似的原因，我们也排除了情境型忠诚团队和忠诚团队。玛尔塔的团队成员还做不到彼此信任，他们也并没有全心全意为团队的总体成功负责——这些都是忠诚团队的标志性特征——因为目前这个团队对这两条尚没有清醒的认识。根据整个团队远隔重洋、很少联系的状况来看，他们只能属于良性怠工型团队的范畴。

当然，时间因素也在我们决策考虑之列。毕竟这个团队一个月之内就要在亚特兰大召开全体会议了，所以我们选择省去了问卷评估的环节，直接开始会议准备工作。

当玛尔塔的团队首次齐聚一堂的时候，他们就要直接开始团队建设工作了。我们需要精心设计出一份会议日程，要留给他们足够的时间去讨论他们所做的工作，并探讨如何才能够分工协作。总的来说，整个会议将会分为如下环节：

第1天：讨论阳光远程通信集团的整体战略方向，并排列出人力资源部门的工作优先级。

第2天：为人力资源部门构建工作愿景，并创立专属于人力资源部门的工作规划。

第3天：进行全球人力资源部门的团队建设。

第4天：进一步讨论具体工作计划。

我们与玛尔塔当面交谈，确定了整体的工作流程，随后的四周时间里又同她进行了几次电话会议，最终确定了一些细节。对我们所有人来说，几周的时间真是稍纵即逝。

当我们最后抵达亚特兰大的时候，玛尔塔来到机场迎接我们。

"我对这次会议太重视了，所以一定要亲自来接你们。"她说，"我的团队成员们都在这了。他们现在都期盼着能够团结协作呢。我们的集团总裁也热情满满，他一直强调，要把这次活动作为成功范本，供其他部门学习。"

第二天早上，当集团总裁向人力资源团队致辞的时候，我们目睹了这份热情。总裁是一位魅力超凡的领袖，他来到会议室，同大家握手，一对一地欢迎每一位员工的到来。他向我们讲述了阳光远程通信集团的辉煌历史，谈到当他接任集团总裁的时候的荣幸之情。然而，他的语调忽然变得严肃，随后他谈到了公司目前所面临的种种问题，以及通过全球化的改革来击败竞争对手的途径。

"推进全球化，这是集团各个部门都将采取的一种途径，"他说，"而在座的各位非常幸运地成为改革的先行者。我寄希望于你们，希望你们能够找到一条通往未来的坦途，为我们集团其余的伙伴们指明前进的方向。"

为了全球化管理改革需求的更深一步探讨，这位集团总裁向大家解释了集团的整体发展战略。总裁将人力资源部门的同事视作战友般亲密，他向大家介绍了他认为未来最有可能实现增长的业务领域以及集团抓住机遇的计划。总裁谈到了未来的风险以及公司对风险的应对。在发言的最后，他向人力资源团队的成员们表达了赞许之情。

"真是精彩绝伦的演说。"当总裁结束发言的时候，玛尔塔说道。她感谢总裁为这为期四天的活动打开了局面，并向团队成员介绍了我们。

"这几位女士将会引导我们进行会谈并参与一些旨在帮助大家团结协作的活动。"玛尔塔随后向我们介绍了团队中每位成员的情况。

维罗妮卡（Veronique）的办公地点位于巴黎，负责整个欧洲分公司的人力资源部门。她会说四种语言，读者朋友可能已经猜到了，这是一位时尚女性，也是一位细致入微的观察者。温（Wen）是整个团队中最年轻的成员，三十出头，他之前曾经在美国求学，后来回到香港工作。奥利维亚（Olivia）是团队中最健谈的一位。她是一位有着优雅笑容的澳大利亚人。从大家进入房间开始，她就一直在跟她的同事们聊天。

美国总部的三位成员，其中有两位都叫皮特（Pete）。其中高个子的皮特负责人才管理部门，而另外一个皮特负责整体薪酬部门。还有一位莉兹白（Lizbeth）女士负责招聘部门。

随后,玛尔塔详细介绍了人力资源部门的工作规划以及优先工作事项，随后开始请大家提出疑问。事实上，大家的疑问还真不少。

"我已经听到您对全球化战略的介绍了，但是我看不出这对我这边的工作优先级会产生什么影响，"温说道，"我现在做的一切工作都是与亚洲分公司团队的特定需求紧密相关的。"

温发问的时候，维罗妮卡在一旁点头，随后她补充道："我本人很喜欢协同合作的理念，但是我并不了解其他伙伴正在进行的工作。所以我不太清楚我在当前的情况下如何能够为他们提供帮助。"

每当我们与这种远程团队进行合作的时候，我们都会听到类似的言论。一般来说，远程团队的成员们是不会故意隐瞒或者私藏信息的，也不会故意去坑害自己的队友。我们发现，通常来讲，每位成员只会专注于把自己所属的地区分公司的工作完成好，他们不会对自己领地之外的事情做太多的展望。他们的团队伙伴关系仅仅停留在名义上而已，他们相信，只要对自己的片区负责，把工作做到最好，就是对集团的贡献了。

在玛尔塔的团队中，我们再次看到了类似的情形。他们以往从没有被鼓励去彼此接触。他们自己也从没有意识到任何这样做的动机。

我们解释说，如果一个团队的成员们不能够清楚地了解他们之间的共同性所在，那么这个团队就很难达成共同的目标，也难以达到理想的业绩效果。而要想对共同目标有清楚的认知，那就必须要有意识地定期沟通。

"有道理，"奥利维亚说道，"所以我们现在要做什么呢？"

每当有人为我们提供这种绝佳的台阶时，我们都心怀感激。于是我们开启了会议日程的下一环节：帮助他们列举、归纳并比较每个人正在进行的工作，帮助他们找出工作列表中重复冗余的内容以及空缺的内容。一整个下午，我们都忙于归纳各种各样的项目、添加时间线和备注、分析工作模式。团队中的一些成员还在调整时差，所以等大家完成了全部的工作归纳之后，我们就立刻请他们早早去吃晚饭了，我们自己也去吃了晚饭。

第二天，他们开始明确全球人力资源部门的共同工作远景。在场的各位对这次机遇都表现出极大的热情，但是他们也有自己的顾虑和担忧。有些人担心自己会因此而损失在地区分公司领导面前的信誉度，毕竟在以前，分公司领导们一向依赖他们快速提供应对当地问题的解决方案。还有一些成员担心这样一来今后他们将会被迫推行一些并不符合地方实际需要的政策，轻则不太切题，重则完全无用。当日讨论问题的平衡点在于对第一天形成的当前项目归纳表格做出进一步分析，并依据表格预测未来的工作。当前的很多工作将会在未来继续进行，只不过进行的方式可能会略有不同，而有关于公司新的整体战略的一些工作计划将会被补充进去。人力资源团队需要做的工作就是努力确保全球化战略不仅为集团整体服务，也要为地方分公司服务。玛尔塔进一步解释了成员们如何通过互相帮助以及保持密切联系来提高工作效能。

"我能够理解，全球化战略乍一看就好像是各种利益的损失——自主权利的损失、地方文化的损失、掌控力的损失，"她说，"但是我想请各位思考一下我们会因此而获得什么。当前，我们都处在自由游离的状态。在座的各位都拥有着非常深厚的专业知识却很少分享。这并不是有意藏私，而是因为从来没有人提出过分享的需求。随着全球化战略的推行，我们可以利用我们最好的人力资源管理方法、最高超的智慧以及最棒的经验来组建我们的团队。今后在这个团队中，每一位成员都不再是孤军奋战，都能够得到人力资源伙伴们的大力支持。我们的伙伴不但了解彼此的工作，而且相互之间能够热切关注。不但能够解答彼此的疑问，更能够互相协作，共同解决问题。"

"从明天开始，我们将会着手建立这样的一个团队。"

在第三天会议开始之前，团队的成员们彼此已经有了相当的了解。我们也逐渐了解了他们每个人。

当我们向他们展示四种团队模式的图表——消极怠工型团队位于表格最左边，而忠诚团队位于表格最右——他们纷纷点头，仿佛在说"请继续"。我们对四种团队类型做了简要的介绍，并分发测试表，我们请他们在表格中勾选符合自己团队现状的项。

维罗妮卡第一个完成了测试。"哦，不，不。"她说，"良性怠工型团队听起来太消极了，可是测试结果就是这样。"

两位皮特表示同意。莉兹白点头并补充道："听起来就好像是我们团队受到了愚蠢的负面影响，或者说，可能是我们考虑得不足。"

她说得对。我们向他们解释说，想要摆脱任何一种消极怠工型的状态，都需要积极主动去做出选择。那些表现最优秀的团队，都会经过仔细的思考来决定如何团结协作，如何共享信息以及交流。这些决策在随后的工作中就会成为忠诚团队共同遵守的行为准则。尽管一些宏观的公理适用于大多数的团队，但是为了适应每一个团队的特殊需求，还需要做进一步的个性化补充。

我们请玛尔塔团队的成员们思考他们有哪些东西是不可或缺的，并明确地列举出来。大家提议把创意暂时放在第一位，然后还要有一些工作热情。我们把大家的每一项意见都记录到了白板上。

· 积极动机假设。
· 团队的整体工作目标应该摆在最优先的位置。

·在对他人的观点提出质询之前，先要确定自己已经足够了解对方的意思。

·在各地区分公司的需求和全球人力资源部门的工作优先级之间谨慎寻找平衡点。

·积极主动地了解各地方分公司中那些被总公司所赞成的企业文化。

·人人都有责任坦率表达自己的观点（考虑到如果在电话会议中彼此直言质询可能会有一定困难，我们就确保每个人都能够定期表达观点）。

"这是个不错的开始。"玛尔塔说，"还有什么遗漏的吗？"

温调整了一下坐姿，然后说："我知道我们大多数人都处在同一个时间区间①内，比如总部这里早上打一通电话给巴黎分公司，维罗妮卡那边就可以接听，因为那边是傍晚。这样一来，就只有奥利维亚和我的时间与总部是昼夜相反的。我们能不能考虑一下这件事？"

作为有抱负的忠诚员工，其他成员也纷纷赞成共同解决这一问题。他们决定轮换电话交流的时间，以确保每个人都能够有机会在自己的可用时间内接到电话。他们还同意每六个月安排一次面对面的会议，地点定在各地办事处。下次全体会议的地点被定在巴黎，再下次定在香港。

"还有一件事，"维罗妮卡说道，"我一天中大多数时间都在说法语，偶尔会说说德语。开会前的时间匆忙，我难以快速用英语阅读并回复消息。

_____

①　译者注：这里说的"时间区间"与传统意义上的"时区"有所区别，指的是一天中可用来工作的时间范围。

咱们能否说好，今后开会提前把需要阅读的材料发给每个人？"

我们对白板上的事项做了补充并再次检查，确保这一次没有遗漏的事项了。我们知道，如果每一位团队成员都能够深入理解并严格遵守，那么这些行为规范将会给团队带来巨大的影响。我们也知道，如果当周的议程就此结束，那么这次会议也可以称得上是成功了。到那时为止，团队成员们已经彼此相识，并了解了各自正在进行的工作，理解并整合公司的工作优先级，还统一意见形成了团队的行为规范。而且到那时，我们剩余一个下午加一个上午的时间。

很多时候，人们在进行团建活动时，都会要求团队成员们一个个互相配对、聊天。这样员工们个人之间就建立起了相互的了解；他们会了解彼此的家庭、业余爱好以及工作经历。或许他们还会被要求向整个团队介绍他们的新朋友，以此作为破冰的环节。还有些时候，户外团建活动会包括让大家一起打打高尔夫球或者参加攀绳梯项目等。组织者希望通过这种在户外共同度过美好时光的方式有效地改善员工的工作行为。上述这些方法有时候确实会奏效，但这并不是推动团队前进的最有保障或者最有效的方法。围观别人做手工或者听别人追忆自己的大学时代也许都是很有趣的事情，但是这两种行为却不一定能够促成员工的忠诚协作。

在让大家去吃午饭之前，我们请大家思考，在如今的工作安排中有哪个项目是他们感到迫在眉睫的，并思考如果要解决这一问题最好找谁合作。"午饭回来就找这个人坐下来好好聊聊，深入分析问题。"玛尔塔说，"大家午餐愉快。当你们回来的时候，我们作为一个团队的新的征程就要开始咯。"

通过之前与玛尔塔的讨论以及这三天里对团队成员们的观察，我们已经大体知道谁会和谁结对合作了，而他们吃完饭回来后的结伴组合也与我们预料的一样。温和高个子皮特合作。维罗妮卡选择与另外一个皮特结伴。莉兹白则与奥利维亚坐在了一起。

为了引导他们顺利交谈，我们准备了操作单①。第一页上都列举了如下问题：

· 在你的工作职责中，第一要务以及工作目标是什么？

· 就你和你当下的工作职责而言，你觉得压力最大的是什么事？

· 你面临的最大的挑战是什么？

· 就现在的工作而言，做到什么程度算是成功？

· 从你的角度来看，团队共同的工作获得什么样的成果算是成功？

· 在你们的共同工作中，有哪一项对你个人造成了较大的压力？

等每一组都讨论完毕、回答了这些问题之后，我们邀请他们将成果落实在一张表格上，以便用更具形象化的效果呈现出他们的结论。

操作单上同样有一些操作指南，用以帮助他们对各自的工作风格、偏好以及他们在合作过程中可能会遇到的困难进行确定并讨论。在操作单的最后一页，我们要求他们一起制订工作计划。每个人都需要写出各自将要完成的工作，并对如何制订共同工作计划做出描述。

———————————

①　译者注：一种记录注意事项、初步方案的工作文档。

你的目标，我的目标，我们的共同目标。

你　　　　　我们　　　　　我

　· 　　　　　· 　　　　　·

　· 　　　　　· 　　　　　·

　· 　　　　　· 　　　　　·

　·

莉兹白和奥利维亚立刻表示要一起出去走走，好好谈谈她们的工作安排。温和高个子皮特在一张桌子旁坐下，用较为传统的写写画画的方式商讨工作任务。另一个皮特和维罗妮卡拿出了笔记本电脑，用电子的形式记录讨论结果。

两个小时之后，我们告诉他们时间到了，结果所有人都央求再给点时间。"再多二十分钟就好。"温说。

"半个小时怎么样？"奥利维亚说。

我们听到这些要求并不吃惊。每一次我们组织这样的讨论，参与者都会沉浸其中。人们一旦有机会建立起真诚的人际关系，他们便会专心于此。这不仅仅是一次讨论而已，实际上他们的交流与联系已经具有现实性，变得富有意义了。每当人们感觉到自己成为一个强大集体中的一员，他们都会心怀感激。在很多时候，我们都会接到客户这样的反馈，每当看见自己的工作能够同时促成整个企业目标的实现，都会备受鼓舞。

"好的，再给十五分钟。"我们说，"我们需要时间来听取你们的讨论结果。"

在终于完成了讨论任务之后，他们又迫不及待地进入下一步的合作。

对此，高个子皮特做了最恰当的总结："要想成为一个更好的人力资源从业者，不仅要把自己的工作做好，更要扮演好自己在团队中的角色。"

莉兹白看着奥利维亚说："我们都惊讶地发现，我们之间的共同点多得超乎想象。我们的共同目标非常的清晰。"

我们给他们留了一项作业，他们需要保证在随后六个月的时间里，与团队中的另一位成员时时回顾工作表中的内容。

在第三天的会议结束时，玛尔塔给团队成员们分发了勇士队①棒球帽，并宣布了当晚要去观看比赛的计划。第四天就是最后一天了，也会是最轻松的一天。第四天的议程只有半天的时间。我们给大家安排的任务是复核时间线、工作目标、任务分配，以及解决后续工作中一些非常实际的问题。

等到一切都敲定了，每个人都知晓了未来工作任务的时候，我们请团队成员们谈谈自己的感受。

矮个子皮特说："我感到很累，同时也为我们的成果感到骄傲。"

玛尔塔补充道："我感觉今天是一个意义重大的开始。对整个阳光集团也是如此。我们现在真的成为全公司的榜样了。"

阳光远程通信集团的人力资源团队理解了忠诚团队的概念，并掌握了成为忠诚团队的一切工具手段。如果他们能够坚持不懈、有意识地做好每一次选择，那么他们将会成为所有人梦寐以求的团队。

不过我们也知道，这个"如果"不是轻而易举就能够实现的。有很多

---

① 亚特兰大的一支棒球队。

团队，在几天的团队建设会议中确实遵从了领导和咨询机构的建议，但是随后却未能够贯彻到底。很多人在开会的时候都点头微笑甚至认真做笔记，但是当他们回到自己的岗位之后，就又回到原来的老路上去了。我们明白，这一次的会议确实也存在着那种可能，但是我们还是觉得成功的可能性更大。我们真诚地希望这个团队能够取得进步，进而真正成为一个忠诚团队。在整个会议结束的时候，我们向玛尔塔承诺，在她和阳光集团的转型进程中，我们将会继续为她提供帮助。

抛弃良性怠工的陋习，建设真正的团队

良性怠工型团队往往维持现状，并非常难于做出改变。这样的团队通常呈现出荒废潜能、坐失良机等症状。

当你看到以下现象，就说明你的团队是良性怠工型团队：

·团队中流行一种"低头做事"的心态，安分守己完成任务，别捣乱就行。

·你很希望别人不要来打搅你。

·你们的团队会议枯燥无聊——只是例行公事走过场，所有的讨论没有合作、没有冲突。

·总有一种"别当出头鸟"的团队共识使你不能向别人提出反馈或者质疑——即使是极为关键的反馈。

·你不敢轻易显露出不确定或者缺乏信心的状态。

·当你对团队成员有意见要反馈的时候，你总是选择保留意见；你觉得没必要冒那个风险。

·整个团队感觉就像是凑巧坐在一间办公室里各自为政的一帮人，而不是一个团队。

良性怠工型团队不可能做出卓越的业绩，因为：

·虚假的和谐使人们不能发现真正的问题。

·不敢冒险不敢创新，那么也就得不到什么有益的成果。

·个人与团队的发展都无从谈起。

·人人都把个人目标置于团队目标或者企业目标之上。

·整个团队的真正潜能并未发挥。

如果你是一个良性怠工型团队的领导者，你应该——

1.掌控团队。

乐观来看，你的团队还不是一个消极怠工型团队。悲观来看，如果不采取行动，那么你的团队早晚都会变成消极怠工型团队。如果你仍然保持现状，那么事情只会朝着更坏的方向发展。

2.提高团队成员的参与度。

在良性怠工型团队中，员工们并不把自己当成是团队的一员。这时候你需要担负起领导的责任，邀请团队成员们共同制订一个团队发展的愿景。请大家一起确定共同目标，并为今后更好的合作制订一个工作计划。

3. 确立工作任务的优先级以及团队共同目标。

邀请团队成员们共同确认工作优先级——确定什么工作要做、什么工作不做。确立团队共同工作目标，并设定成功的量化标准。要求每个人在讨论发言的时候都拥有主人翁精神。确立一系列坚定不移的操作规范以确保新的团队改革能够真正落到实处。

4. 致力于建设人际关系。

良性怠工型团队的特征之一就是团队成员之间缺少强有力的联系。要强调团队成员间互动与合作的重要性。要创造机会让团队成员更加深入地了解彼此。

5. 推动责任的履行。

为了保持团队的发展势头，你需要经常与员工核实团队的工作进展并加以记录。要告诉员工们目前团队哪里做得比较好，哪里还需要再加把劲。对于倒退现象，及时指出并纠正。

6. 那些靠远程通信维系的团队，则需要付出更多的努力。

如果条件允许的话，应该让团队成员们聚一聚。远程交流的时候尽可能多地使用视频通话而不仅仅是语音通话，安排会议日程的时候一定要循环照顾到各个分公司所在的时区。此外，还需要进行一些跨文化交流方面的培训，以确保团队成员们能够理解彼此文化之间的细微差别。

如果你是良性怠工型团队中的一位普通员工，那么你应该——

1. 寻找与团队伙伴组团合作的途径。

在良性怠工型团队中，员工们往往倾向于待在自己的小圈子内，只有少数几个伙伴能够获得信任与之结对合作。要努力打破这种小圈子的封闭格局，寻找机会与他人合作并肯定他人的成就。不要坐等别人找上门来。

2. 积极求助，积极助人。

当你积极主动地向他人求助或者为他人提供帮助的时候，你就可以为大家树立一种积极向上的榜样。当你在工作中遇到困难的时候，不要一味地孤军奋战，要懂得向队友求助。当别人向你提供帮助的时候，你要大方地接受它。而当你看到团队中有人工作遇到困难的时候，你要主动伸出援手，提供帮助与支持。

3. 奋勇当先。

每天在工作中都要表现出"最好的自己"，通过榜样示范作用引领团队。在改善团队这件事上，不要消极等待。良性怠工型团队就是需要强有力的引领——这种引领未必是自上而下的。这种团队的成员们也非常渴望有一种更深层面的合作关系以及更好的业绩。

4. 主动交流。

如果你所在的团队是一个依赖远程通信管理的团队，那么你应该用电话代替邮件沟通。只要条件允许，要尽可能多安排视频会议，还要单独安排时间一对一地了解团队伙伴。要建立起和普通线下团队一样的人际关系，它可以帮你实现团队成员之间的互相帮助。

良性怠工型团队有时候会让该团队的成员感觉自己在工作场合被孤立，无论员工们是共处一室还是分散在各地办公，这种感觉都会存在。在这种孤立隔绝的境遇中，有些人或许感到舒适，因为这样就不用担心任何人，只需要关心自己就可以了；他们就只需要管好自己的工作，也不用把目光投向自己狭小领地之外的任何地方。然而这种舒适感的代价是巨大的。

良性怠工型团队还会出现工作停滞现象。如果每个人都只是低头忙活自己的事，那么改善团队、驱动变革以及达成团队和企业目标这些事情，几乎是不可能的。而团队中的每个人也会深受其害。

在良性怠工型团队中，人们不会遇到那种能够促进个人成长与发展的质疑与挑战。如果公司的领导想要物色一些可以提拔的人选，他们可不会去关注那些一心只顾低头做事、时时只想着明哲保身的人。

不过，良性怠工型团队的前途绝非黯淡无光。只要团队的领导与成员们开始理解并践行忠诚团队的行为模式，那么他们就可以快速改善团队的现状。我们曾见证过一些看似深陷在良性怠工困境中的团队在短短几个月的时间里一跃成为情境型忠诚团队，而这些团队的员工们也意识到，他们的个人目标与团队目标都变得更有实现的可能。

5

情境型忠诚团队：若无故障，无须修理

当一个团队有条件地显现忠诚状态

凯瑟琳常常好奇，自己是不是只有在开车上下班的路上才能进入最佳的思考状态。身为汽车零部件行业巨头——ATR 汽车零部件生产公司的北美销售部门总监，她常沿着底特律的洛奇高速公路开车往返于 ATR 公司全球总部与家之间。而她很多非常棒的点子都是在这条路上想到的，以至于到后来她养成了一个习惯：一有好点子就用车载电话打给自己的办公室电话，这样就可以给自己语音留言了。

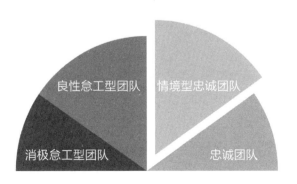

有一天晚上，在回家的路上她回想起卡尔与她的谈话，当时卡尔向她指出了自己在团队中看到的种种问题。作为这个团队中入职最晚的一员，卡尔能专程来见她，还当面询问为什么团队决策一般都是在团队会议以外的场合制定的，这可谓是迈出了勇敢的一步。卡尔不明白，如果在团队会议上从来都不能进行实质性的讨论的话，那为什么还要费劲去开这些会呢？

车子刚走了不到2千米，凯瑟琳就打通了自己办公室的电话，留言道："卡尔用全新的眼光看到了我们之前都没有看到的问题。为什么我对于团队的每一个决策都要亲自参与呢？我又如何去改变这种状况呢？我要问问托尼（Tony），看他有没有好的建议。"

留言之后，凯瑟琳决定今晚不再去想这件事，等到第二天看会不会有什么灵感。

第二天早上，她听了自己的留言，记下了其中包含的三个点，然后穿过办公大楼来到托尼的办公室。托尼的正式职务是集团人力资源部门的一名员工，他也是北美销售团队的人力资源业务合作伙伴，虽然托尼不用跟大家一样负责销售汽车零部件，但是他在凯瑟琳的区域销售团队中的地位已经相当于其他组员了。

"不知道你能不能帮我思考一些事情呢？"凯瑟琳找到托尼，向他简要介绍了与卡尔谈话的情况。她告诉托尼，现在团队的大多数决策都是在一对一地会谈中做出的，团队的整体会议一般都是在走过场，每个人在全体会议上仅仅是报告自己最近的状态更新而已。托尼也觉得迄今为止的团队会议中似乎极少出现任何意见交换，相反听起来就好像是一个个的简短独白而已。

　　"我只看到你们的团队行动迅速、决策迅速，"托尼说，"但是我不知道团队成员们为了获得你在工作上的批示，竟然会在晚上或者周末你在家休息的时候也给你打电话。我同意你的看法——这是个非常不错的团队，虽然伙伴们看起来工作得不错，但是他们显然还有进一步改善合作的余地。我只是不太确定是不是大家都能看见这种可能。"

　　托尼早先效力于另一家机构时，曾经与我们合作过。她跟凯瑟琳说了我们的情况，并建议她给我们打个电话，跟我们讲讲团队目前的状况，看看我们能不能有什么真知灼见。彼时的凯瑟琳急需外援，而我们正是那种能洞见症结的帮手。

　　在第一次通话过程中，我们做了自我介绍，并谈到了我们的工作方式。我们询问了团队成员的一些情况，以及团队目前面临的问题。

　　凯瑟琳告诉我们，她非常信任并尊重团队中的每一位伙伴。她还谈到了员工们的一些个人优势，并对团队目前即将达到的目标感到自豪。

　　"老实讲，要不是我们现在面临两个困难的话，以我们的实力，绝对是前途无量的，"她说，"我们的业绩也不错。"

　　然而，正是这"两个困难"使得凯瑟琳夜不能寐。无论她通过车载电话留言还是通过隔夜思考等方式，都不能够解决这两个困难。一方面是之前卡尔提出的质疑，另一方面是市场上新出现的竞争对手。凯瑟琳辗转反侧，苦苦思考着两边的应对之道。

　　夜深人静的时候、晨跑的时候，凯瑟琳都会回想卡尔的话，并反复思考一个问题："为什么我们在团队会议时都那么彬彬有礼？我并不害怕激烈的讨论。为什么我的团队伙伴都不愿意找我讨论真正深刻的问题呢？"即便是在上班时间和团队成员电话沟通的时候，凯瑟琳都开始怀疑自己有没有发挥一个领导的最高效率。

当然，第二个难题也困扰着整个汽车零部件行业。早在凯瑟琳入职ATR汽车零部件公司之前，这家企业就已经是市场上的领军者了。只不过最近看来，这种统治地位似乎受到了动摇。有一家新成立的公司，他们一方面机敏灵活，行动迅捷，一方面有胆有略，吸纳ATR的人才。几乎每周，凯瑟琳都会听到消息，说那家新建立的公司又在试图挖走ATR的几个业内老手还想顺带把他们的人脉也一起挖走。

"他们真有可能在这个市场上分一杯羹，"凯瑟琳说道，"要想维持住我们在市场上的统治地位，我们今年就得达到两位数的销量增长——这让我很紧张。"

我们问她是否觉得这两个难题之间存在关联性。"团队会议的问题是内部问题，而新出现的竞争对手是外部问题，可即便如此，你有没有想过这两个问题可能会相互作用呢？"

凯瑟琳知道这两个问题还是有关联性的。她只是不确定二者的关联在哪里，也不知道如何一举解决两个问题。

我们谈到一个团队的内部的运转会对外部的业绩表现产生驱动作用。如果一个团队的成员之间不能够通力合作，那么他们在面对外部挑战的时候就会力有不逮。

托尼一直在旁听我们的对话，此时介入做了补充。"全公司现在都很关心这家新对手，"他说，"销售部门压力很大。"

如此一来，就更加有充分的理由保证团队上下同心了。我们向她介绍了我们的研究成果：高效能的团队都是有意识建设的结果，只要方法和关注点正确，任何团队都有能力成为一个高效能团队。我们也指出，想要改变现状，首先需要找个时间将团队成员召集到一起，认真讨论团队面临的问题和机遇。

凯瑟琳和托尼想知道这样做需要投入多少时间和财力。一向秉持结果导向的凯瑟琳又追加了一条问题。她说："预计我们多久可以看到成效呢？"

团队进步的速度取决于很多因素：这个团队的反思深度；团队成员之间的彼此联系强度；员工为建设高效能团队所付出的努力与决心。只要有时间和精力的合理投入，那么这些团队都可以实现迅速的转变。通常来讲，如果能够很好地完成各项工作，那么在六个月之内他们就可以实现神奇的转型。

"如果决定因素如你们所说，"凯瑟琳说，"那么我们肯定会进步很快。没有哪个团队比我们更努力了。真的，我无法用语言形容他们的干劲有多足。但是他们平时出差频繁，我们下个月会在芝加哥召开一次销售启动会议。除此之外我找不到别的可以安排的时间了。"

我们提议，可以让他的团队提前一天飞抵销售启动会的地点，这样我们就有时间帮他们建设团队了，这是个更好的选择。

"太棒了，"托尼说，"那样的话合作就很容易了。"

凯瑟琳给下属们写了邮件，介绍了我们，介绍了我们的工作目标，以及我们的合作方式。她还要求每一位团队成员抽出时间来接受我们的访谈。

第一个回复这封邮件的人，是凯瑟琳长期以来的一位助理，托马斯·布津斯基（Tomasz Budzynski），简称布德（Bud）。布德跟凯瑟琳是同一个月入职这家公司的。这两个人曾一起在行业中摸爬滚打，彼此依赖与支持。后来凯瑟琳被提拔成为布德的上司，布德也没有感到惊讶或者嫉妒。

"她太聪明了，"布德对我们说，"仿佛她的大脑速率更高似的。能够为她效劳是我的一大快事。前任上司还在的时候，我是不能给他打电话询问决策的，更别说在周末的时候打电话请教。但是凯瑟琳时时愿意为我提供帮助。我知道她对其他人也一样，随时愿意伸出援手。我们的团队就是靠这个运转的。"

接下来，我们访谈了贾丝廷（Justine）。贾丝廷是一个精明犀利的得克萨斯州人，她知晓自己负责的片区内的每一位业界同行，她对这个州了如指掌，俨然一位"孤星王侯"①。在我们与她交谈的过程中，我们了解到，她和其他伙伴一样，都对上司有着很强的认同感。

"凯瑟琳简直太棒了，"贾丝廷说，"我们整个团队合作得也非常好。我并没有冒犯的意思，但是我们真的需要搞这么一次团队建设活动吗？我们有这个时间吗？恕我直言，我们团队现在面临着强劲的竞争对手，我有一大堆问题需要处理。我必须一心一意扑在工作上。"

在当天的另外一场访谈中，我们听到了不同的声音。卡尔是团队中最年轻的成员，他对凯瑟琳的个人评价与其他伙伴一样高。他认为凯瑟琳是一位销售领域的天才专家，是汽车行业的杰出从业者，同时也是一位出色的团队领袖——这些方面都和团队其他成员如出一辙。但是当我们谈到要

————————

① "孤星"是美国得克萨斯州的徽记，源于该地曾经存在的"孤星共和国"徽记。因此美国人习惯用"孤星"代指得克萨斯州。

花一点时间来进行团队建设的时候，不等我们发问，他就已经准备好为此安排时间了。

"你们需要几天时间？"他问道，"能够有机会为 ATR 公司效力，我心怀感激。我的同事们都很出色，但是这个团队的一些现象常常勾起我对上一份工作的回忆。当时我所在的团队也有自己的问题，但是每当团队开会的时候，我们都能够真正群策群力，破除困难。有时候讨论非常激烈，但是每次讨论到最后我们都能够产生非常棒的决策。"

"我怀念那样的时光，"他说，"你们也知道，刚到这里来的时候，我老感觉自己成了决策圈子外面的人。但是后来我开始意识到，这个团队并不存在什么圈子。"

我们向卡尔询问团队中的人际关系情况，他犹豫了一下，说："我喜欢每一位伙伴。我觉得他们术业有专攻，但是我对他们的工作并不了解，我们的关系并没有那么深入。"

至于和凯瑟琳的关系，卡尔说他很喜欢凯瑟琳，甚至可以说两人的关系非常牢固。

"我有需要的时候就会给她打电话，但是我怀疑——我很讨厌这种想法，不过我确实怀疑，是否正由于她的原因，我才觉得跟其他人关系没有那么近，"他说，"你们知不知道她大学的时候是球队的控球后卫？她向来喜欢掌控全局，事事参与。"

在访谈团队成员的同时，我们也通过发放忠诚团队三视图问卷来收集数据。我们邀请凯瑟琳的团队成员以及公司领导团队中的主要利益相关人填写问卷。从他们的反馈中，我们看到了这个团队的自我评价与公司高管对其评价之间的差异所在。公司高管对北美销售团队是有一些顾虑和担心的，他们给这个团队的打分低于其成员对自己团队的评分。在问卷中还出现了这样的评语："你们确实是天才，但我们的增长任务也很艰巨。"

我们把通过评估问卷收集到的整体数据和我们的数据库进行比对，最终得出结论：凯瑟琳的团队实际上属于情境型忠诚团队的类型。

在这样的团队中，确实有个别人之间建立了深度的信任并且能够拥有共同的目标感。情境型忠诚团队有明确的意识提升团队业绩，但却仍然会存在步调不协调、方向不一致等问题，尤其是当面临团队领导人或者外部大环境的变动时更是如此。当外部出现新的竞争对手的时候，他们就会陷入艰苦的境地，正如 ATR 公司销售团队此时面临的状况一样。

我们对评估问卷的大量数据进行了分析，并利用访谈得到的大量数据做补充，完成了一份报告呈献给凯瑟琳和托尼。等他们一读完报告，我们就进行了面谈。

报告的开头描述了团队的积极因素：

· 员工们对 ATR 公司以及公司的产品都抱有极高的热情。

· 团队中存在高度的信任，几乎没有钩心斗角。

· 员工对彼此的能力以及专业水平都很敬重。

· 他们都是各自领域的专家，拥有丰富的销售工作经验。

· 团队成员对领袖凯瑟琳忠贞不贰，把她看作是团队取得成功的关键。

随后我们列举了团队面临的问题。

·团队成员相安无事，但是彼此之间并没有质询和讨论。

·团队成员并不愿意主动彼此沟通。

·在面临问题的时候，团队成员不会齐心协力解决问题，相反，他们全都跑来向凯瑟琳求助。

·每一个团队成员首要关注的还是他们地区内的工作职责。

·团队成员间的人际关系总体很好，但是成员之间各自为战，并没有守望相助的意识。

·团队成员们希望凯瑟琳能够从纷繁芜杂的常规工作中解脱出来，更多地关注团队的长期发展战略以及前景。

·团队缺乏协同一致的工作计划，工作目标的设置会出现重复与低效的现象。

·公司的高层领导们担心销售团队并不能持续创造最好的业绩。

刚看到报告的时候，托尼是惊讶的。他原以为，一个团队能够做到像凯瑟琳团队这样的杰出业绩，那它的团队内部运转，不能说是完美，至少也应该是很强的。然而，在他进一步思考报告内容的过程中，他反思了团队会议的情形，反思了之前与凯瑟琳的对话。他意识到，这份报告让一些长久以来被隐藏的问题浮出了水面。

"凯瑟琳，这是好事。"他说，"我知道一直以来团队的大事小事都要由你参与其中。我觉得如果我们能够改变这一现状，那么你就可以不用事必躬亲，就可以解放出来，更多地思考团队宏观战略，那将会大有裨益。你就可以真正更上一层楼，从一个高层管理者的层面为团队做出贡献。你的团队成员们也可以锻炼自己的业务技能，在事业上更进一步。"

我们的工作有很大一部分就是教会团队领袖们如何站在自己该有的高度上去领导团队。即便是那些最为事业有成的企业高管们有时候也会被团队内部的杂事所干扰，最终沦为团队事务性工作的一分子，而不是去做他们本应该做的领导层工作。我们在各行各业的企业以及非营利组织中都看到过这种现象。当一个团队的领袖意识到如何站在正确的高度引领团队并且开始重新分配自己的时间和注意力的时候，团队往往会迎来快速进步的时期。

团队责任模型

传统的团队工作责任，是从团队领袖手中下放到每一位团队成员的。团队领袖扮演着核心的角色，驱动责任执行、产出效果与行为。

忠诚团队的工作责任是团队成员之间彼此分配的，当然团队领袖也会分配工作责任。团队领袖的任务就是确保成员之间彼此负责，共同产出效果与行为。

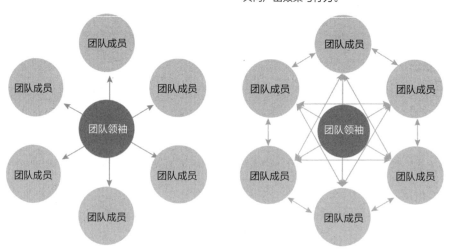

凯瑟琳点头同意。一直以来，她努力通过解答疑难、提供决策的方式帮助团队，但是她并没有意识到，自己的努力虽然出于好意，但可能反而

阻碍了团队的发展。

"我认为，我们团队长期以来一直就是这种轴辐型 ① 的结构模式，这也是我和我的上司之间的工作模式，"她说，"我很喜欢我的上司，但是说实话，我总觉得我们团队要是没有他在，就会完蛋。我怀疑我的属下们对我也抱有同样的想法。"

凯瑟琳的担忧是正确的。在我们的访谈过程中，有几位团队成员都表达了这种看法。

我们向托尼和凯瑟琳介绍了我们访谈中收集到的一些言论，并介绍了忠诚团队三视图。两人都急切地希望开始团队建设，而销售团队的启动会议几周之后就要开始了。

在北美销售团队全员飞抵芝加哥奥黑尔国际机场（O'Hare International Airport）的前一天，凯瑟琳把她的团队成员——五位地区销售负责人以及托尼——召集到了芝加哥某家旅馆的一间会议室里。会议室的装潢像图书馆一样，周围的书架上摆满了皮革封面的书。房间里摆着俱乐部椅和沙发，大家随意就座。布德打量着周围的环境说："看起来我们好像应该喝点单一麦芽威士忌再抽点雪茄才比较应景。"

"或许会议结束后我们可以来一杯苏格兰威士忌，"凯瑟琳笑着说，"但是现在我们还有任务要做。我们团队内部有很好的信任基础，我对咱们团队取得的成就也感到非常骄傲。正因如此，我觉得有些地方我可以改

---

① 译者注：轴辐型（hub-and-spoke），又称中心辐射型、星型、集中型、轮毂型等，是指由一个中心部分和多个非中心部分组成的结构，每个非中心部分彼此无关，分别与中心部分相连通。其形状类似于车轮的辐条以轮轴为中心向四周发散的形状，故而得名。

进，而且我们还可以找到一些更有效率的团队协作方式。"

"关键的一点就是，我们要立即行动起来。如果我们的增长目标只有2%的话，我们完全可以按照以前的模式做下去，"凯瑟琳的目光扫视一周，寻求着众人的认同，"或者说，如果我们是那种安于现状、得过且过的人，那么我们也可以按部就班。但是既然我们可以做出更好的业绩，那为什么还要甘于现状呢？"

众人纷纷露出会心的微笑。在这个团队里，凯瑟琳并不是唯一一个骨子里具有竞争天性的人。

"在讨论的过程中，我希望各位畅所欲言，思考我们可能的合作方式。我希望大家认真思考，我们如何才能够协同合作，思考我们为什么希望改变，思考我们愿意舍弃哪些东西。对我个人来说，我将这看作是我自己领导生涯的一个转折点。长久以来，我都在用同样的方式做着同样的事情。我知道我帮助这个团队取得过成功，但是我觉得我的做法也阻碍了团队以及我自己的进步。我想要深刻反思一下。"

凯瑟琳讲话完毕，就座，然后让我们介绍了忠诚团队的理论概念。我们向大家展示了四种团队的模型，按照团队效能从低到高，依次从左向右排列。当我们介绍到消极怠工型团队的工作习惯时，大家纷纷露出鄙夷的神色。

"那样的团队也是人待的？"贾丝廷问道，"太可怕了。"

当我们描述到两种中间类型的团队的特征和特质的时候，我们看见大家表现出了一定的共鸣，似乎在座的每个人都明白那样的团队会有什么样的结果。但是直到我们讲到忠诚团队——我们研究过的最高效能团队的时候，我们才真的看见有人点头表示同意。

"是的，那就是我们。"贾丝廷说，"毫无疑问，我们总是相互信任。对凯瑟琳，只要她愿意，我们都可以为她赴汤蹈火。"

凯瑟琳笑着摇了摇头。她知道，那正是问题的一部分。她的团队中这些敏锐而杰出的人才，已经习惯了唯她马首是瞻的工作方式。这种习惯已经根深蒂固。在不经意间，她已经让整个团队对她过分依赖了。她无意中创造了一种工作模式，在这种模式中，所有人都等待她扮演指路灯塔，告诉他们何时加速、何时减速、何时变道。

我们不得不以温和的方式揭露了事实。尽管他们自我感觉良好，但是他们并不能算是忠诚团队。贾丝廷听到这里的时候，脸扭成了一团，那感觉就好像是我们告诉他"没有圣诞老人"①一样。布德看起来似乎将信将疑。而卡尔则面露兴奋。

"我们需要一个奋斗目标。"卡尔说，"成为忠诚团队，这不就是一个目标吗？我举双手赞成。"

正是出于这样的想法，凯瑟琳才召开了这次会议，并且愿意专门拨出时间和资源来改善团队的内部运作和外部业绩。

在我们合作过的团队中，情境型忠诚团队是最普遍的一种。这一定程度上是自我选择的结果。这些团队并不会志得意满。他们的团队领袖以及成员们都清楚他们目前做得很好，也都意识到他们还有提升的空间。

在某些方面，这种团队是我们合作过的最有乐趣的类型，因为其团队

---

① 美国人常向小孩子讲述"圣诞老人"童话，这里用"没有圣诞老人"代指美好的幻想破灭。

成员几乎都发挥到了潜能的顶峰。但是很多时候，这种合作又是最有挑战性的，因为他们都是业绩不错的团队，而且对现状都非常满意。团队中的成员们彼此关切，但就是不会进行那种健康有益的冲突讨论。作为一个团队，他们在一些关键难题上并没有足够的经常性的激烈辩论。他们解决问题采取的是各种替代方法。具体到眼前的这个团队，其替代办法就是求助于凯瑟琳。这种替代方案也是可以奏效的——毕竟来求助的那个人得到了自己需要的答案——但是由于整个团队并没有参与到思考过程中来，所以其他团队成员并没有因此而受益。大多数情况下，他们甚至不知道发生了什么，不知道有人做了什么决策，也不知道决策的原因。他们可能会在工作中遇到同一个问题，而他们每个人都得从零开始解决。

在凯瑟琳的团队中，我们能够清楚地看到这种问题的存在。凯瑟琳和那些向她汇报的地区销售负责人们并没有思考过其他的工作方式，当然也没有故意建构一种轴辐型的团队结构。这都是逐渐自发形成并不断自我强化的结果。有一天某位地区销售负责人遇到了困难，跟凯瑟琳提了一下，凯瑟琳就帮他解决了。那么下次他再遇到类似困难的时候，就自然会想到：求助上级。这样一来，他就永远不会去找其他的地区负责人寻求帮助。

轴辐型的工作模式还掩盖了一个非常重要的事实。正如我们在很多企业中见到的那样，凯瑟琳团队中的销售负责人们同时至少效力于两个团队。每个人都是凯瑟琳北美销售团队的成员，同时也是各自地区销售团队的成员。两个团队中，一个是扁平的：区域销售团队只对全公司的一项职能——销售负责。而另一个团队则是垂直的：比如说西部地区团队会同时负责该地区内的多项职能——从供应链，到市场运营，再到客户服务、销售、技术以及其他各项职能。

　　一般来说，其中一个团队占据了更为重要的位置，需要更高程度的效忠，而另一个团队就只能屈居二线了。

　　在凯瑟琳的团队中，我们看到所有的成员首要的时间和精力都安排给了各自的地区团队，而对整个销售团队的汇报就成了次要任务。这种模式在一定时期内还是奏效的——因为他们毕竟都是业内老手，经验丰富，再加上凯瑟琳帮忙弥合了团队间的裂隙——但是当新的竞争者出现、外部条件发生改变的时候，团队的内部运作就需要改变一下了。他们需要像忠诚团队那样紧密团结。每一位成员对于销售团队的投入要达到和各自地区团队一样的水平。他们需要激发创造力，需要通力合作，需要共享公司内部的资源，只有这样才能够确保达到 ATR 公司那具有挑战性的销售目标。

　　想要将这样一个平行团队建设成为忠诚团队，每个人都需要参与到工作计划的制订中，都需要为北美销售团队的业绩负责。在北美销售团队的会议上，每一位地区销售负责人都必须要贡献智慧。大家看待业务的眼界要比在各自的区域或垂直团队中的眼界更加开阔。讨论、争辩、交换意见不应该是为了每个人达成各自的目标，而是为了共同完成整个北美销售团队的整体目标。

　　作为团队中的新成员，卡尔很快意识到了这点。"在我原来的公司里，我们的销售计划都是共同制订的，"他说，"刚来到这里的时候，我很惊讶地发现，每个人居然在单独制订销售计划。"

　　布德耸了耸肩说："我们整天东奔西跑的，单独制订计划似乎更容易也更便捷。坦白讲，我并不觉得在这件事上我们有什么可以合作的。我的客户跟你们的客户的差别非常大，我们地区面临的问题也是有特殊性的。"

他说的有道理。在细枝末节的层面上，他们的工作是有所差异的。但是在更高的层面上，他们面临着相似的挑战。

"是的，这是事实。"凯瑟琳说，"你们每个人所负责的地区看起来都是不同的，但是我们共同面临着销售指标增加的问题。布德，我需要你的支持。如果我们不能够像一个团队一样通力合作，那我们就无法解决眼前的问题。"

凯瑟琳还指出，有必要阻止新的竞争对手挖走他们的优秀同事。她说，眼下看来这似乎是一个地区问题，但是如果坐视不理的话，对手迟早会挖走 ATR 各个部门的优秀人才，那只是时间问题。

"没错，那帮家伙一直在挖我们的人，"贾丝廷说，"我已经被挖走两个了，还有两个人正在被挖，我还得费好大劲把他们留住。真是见鬼。"

布德一开始也很担忧，对手在整个中西部地区到处挖墙脚，但是布德很快就解决了问题。

"在发现他们劝诱我的一名员工之后，我启动了员工慰留计划，坚决杜绝人才流失，"布德说，"那以后还没有被挖走过人。"

贾丝廷向凯瑟琳投去犀利的一瞥，无须多言。

"噢，该死，对不起。"凯瑟琳说，"我还以为我把布德的事情告诉你们了呢，是我的错。"

这简直是一个绝佳的案例，足以说明跨团队交流以及全团队协作的重要性了。由于专注于地区团队的工作，布德确实解决了一项地区难题。但是如果他能够从整个销售团队着想，那么他就会分享他的解决方案——或者更大的可能是，他会和团队伙伴们共同创建这种解决方案。可实际上，他甚至都不知道其他的地区也面临着同样的问题。

午饭之后，我们重新召集众人到那个图书馆一样的房间里，我们很高兴看到大家重新选择了座位，身边都换了人。凯瑟琳的位置从之前紧靠门边的座位换到了长沙发的右侧位置。两位员工挨着上司的旁边随意坐下，感觉就好像是普通的团队伙伴一样。

"通过今天上午的会谈，我真的发现了，各位对地方团队的身份认同，要多于对咱们这个团队的认同，"凯瑟琳说，"你们懂的，就是觉得'我是西部地区的负责人'要多于'我是北美销售团队的成员'。"

"当然我承认我在某种程度上助长了这种现象，因为我之前一直都和每个人单独谈你们地区的事情，"她说，"我们需要保证咱们这个团队才是我们的第一归属，我们要想清楚这个团队能够给我们带来怎样的增效。"

为了让大家发现能够带来增效的行动，我们请大家定义该团队的角色以及团队的意义。经过了几次迭代之后，他们最终一致同意了下面这条简洁的描述：

"这个团队的职责是为 ATR 公司在北美地区的全部销售业务提供整体方向。我们的职责是确保每个地区的销售计划能够共同为集团整体服务。我们的职责是确保整体效果大于部分之和。"

当我们请他们思考可以采取哪些行动以支持团队任务的实现时，他们立刻想到了增加开会频率和增强会议的目的性。他们很快否决了以往那种数据报告式的团队会议。以往的时候他们每个人只是简短述职一遍，然后凯瑟琳就在旁边听着，而其他人就会利用这段时间看看电子邮件或者想想他们自己接下来要汇报的内容。

各地销售负责人们经过讨论达成一致：今后每年召开三次面谈会议，每次两天，用以讨论团队的宏观战略，分享最好的实践经验，一起复盘旧的工作计划并制订新的工作计划。凯瑟琳则承诺今后更多地促成大家彼此直接交流。

"如果今后再有类似于员工慰留计划这样的问题出现，我会告诉贾丝廷直接找布德沟通，"凯瑟琳说，"我会一直督促你们互相电话沟通，直到你们亲自执行为止。像这种问题正是值得我们花时间去研究的。"

在一天的会议中，团队成员们讨论各种可能的合作途径，讨论涉及了非常多的方面。面对这样一个已经存在一定程度互信的团队，我们在当天会谈的最后要求每一位团队成员从伙伴那里寻求反馈。如果是消极怠工型团队或者良性怠工型团队，我们是不会这样要求的，因为那些团队的人际关系并不足够坚固，所以成员们也并不能够放下顾虑，心无芥蒂地互相给予并接受忠实的反馈。不过在情境型忠诚团队中，这种行为反而可以让队员们学会把最犀利的问题摆在台面上讨论，借机加强团队伙伴之间的关系，并能够看到彼此可以相互学习的地方。

最后，我们要求他们每人填写一页反馈表，彼此给出反馈。表格内容如下：

· 你最看重这个人的哪一点？

· 这个人如何才能够变得更有效率？

· 为了更好地保证团队的效率与团结，这个人还要做些什么？

·为了建立并维持忠诚团队的健康人际关系，你会对这个人做出什么建议？

我们鼓励他们在填写表格的时候做到开诚布公、直言不讳。片刻过后，他们已经准备好相互分享意见了。忠诚团队就是要练习这种反馈的。该团队现在处于一个安全的环境中进行这种练习，它将会形成团队的"肌肉记忆"。

在经过了短暂的休息之后，我们重新召集团队成员，进行这一天会议的最后环节。我们请各位把他们对每个人的反馈表亲手交给受评人。我们给每个人十五分钟的时间用来阅读他们收到的同事反馈并做出一个总结性的反思。

当大家整理好了思路之后，我们请每个人分享一下他们得到的信息。

"我得到的信息是，"卡尔首先发言，"你们欣赏我的行业知识，我能给团队带来新的思想与新发现。我还得知你们希望我能够更加积极地分享我所发现的东西，尤其是当我发现了更好的工作方法的时候。"

"我在阅读你们反馈的过程中意识到一点：虽然我加入团队已经六个月了，但是你们好像并不是很了解我，"卡尔说，"你们并不确信我是一心一意认同这家公司的。我平时还是动不动就提起我原来的公司，我需要改掉这种习惯了。我希望各位能够帮我的一点是：如果我在工作中出现了一些你们之前见到过的不良迹象，那么请一定打电话给我提个醒。我很可能并没有意识到自己的问题，所以请各位在电话沟通中一定要直言不讳。"

几位团队伙伴因为之前没有做到这样的沟通而表示歉意。他们以前以为卡尔太忙了。他们以为卡尔知道工作中将会出现的问题，于是觉得没必要多言。

"噢，不，别担心那个，"卡尔说，"比起事到临头措手不及，我宁愿提前做大量的准备。"

房间里的每个人都提出了自己的见解以及要求。而他们彼此的回应都是相似的。团队成员们都很高兴接受伙伴的邀请。而在此前，他们在分析问题和解决问题的过程中，一直没有想到寻求队友的帮助。

最后轮到凯瑟琳发言了，她承诺今后更多地促成团队成员之间的对话，不再插手具体事务。"当然，今后如果你们给我打电话讨论具体事情，我也不会直接就挂掉，"她说，"但是我会记住一点：当你们打电话的时候，并不意味着我就一定要拿出一个解决方案来。我相信你们所有人的能力，我希望在这个团队里的你们都能有足够的办法解决各种问题，进而促进我们在整个北美大陆的销售工作，而不仅仅是促进某一地区的销售。今后我也会多让团队聚集到一起，会议也将更具有目的性。"

在我们总结会议的时候，最后一个提问出现了。

"你们是不是说过，忠诚团队就必须要对那些没有完成业绩的成员给予无条件的支持？"贾丝廷问道。

"那不是我们的情况。咱们这个团队每个人都能够完成业绩，而且还有富余。我们都不需要担心那种事。"

"等一下，"我们说，"这个团队也许真不存在业绩完不成的情况，但是刚才的问题仍然很重要。你们要知道，建设忠诚团队并不仅仅意味着找到合适的人并让他们在合适的岗位上发挥合适的技能而已。在忠诚团队中每一个人必须能够出色地执行自己的任务。然而，如果你不是团队领导，你就没有权力去开除或重新调配业绩差的成员。在这种情况下，不伸出援手就不行了。"

我们继续补充道，建设忠诚团队就意味着团队里的每一个人时时刻刻都要保持忠诚状态。如果有一个成员看到同伴工作遇到困难，那么他就有责任与对方坦诚交谈、提供帮助与支持，如果这威胁到了团队的整体成功，他甚至有责任向经理汇报。

"我当然希望如果在我工作出现困难或者你们发现我误入歧途的时候能够直言不讳，向我指出问题。"布德说。

屋内众人纷纷表示同意。最后当我们离开房间的时候，我们相信，这个团队已经回归正轨了。

六个月后，托尼打电话给我们。他向我们讲述了团队的近况：团队的运作有了很大改观，这也让凯瑟琳真正发挥出了本属于她的才能，在高层管理团队中也大放异彩。

"真的很神奇，"托尼说，"这个团队坚持当面共同制订员工慰留计划，自从那次会议到现在，一个员工也没有流失，团队的力量也变强了。团队成员们都从解决问题出发，团队会议的面貌焕然一新。在很多时候，凯瑟琳都能够退一步思考，这样她就有了更多的思考空间，能够从公司高层管理者的角度引领团队。"

他说，面对销售目标，这个团队志在必得。

"凯瑟琳甚至和我讨论如何改进我们的激励制度。地区销售负责人们说，'既然团队协作是有价值的，那么我们希望在合作很好的时候能够得到奖励。'这是不是很棒？"

是的，确实很棒。ATR 汽车零部件集团北美销售团队正在朝着一个真正的忠诚团队前进。

"高效能谜团"：忠于任务不等于忠诚团队

如 ATR 公司销售团队这样的情境型忠诚团队往往看起来还不错，业绩完成的也比较好。在很多时候，他们的成果可以说是足够好了，但是还没有好到令人惊叹的程度，并没有登峰造极，只是在稳定地朝着目标前进。我们曾在各行各业见到过销售部门的情境型忠诚团队，这些团队中有集团高层管理团队，也有最基层的团队。我们还接触过非营利组织中的类似团队。这样的情境型忠诚团队，乍一看很容易让人以为他们的成员就像忠诚团队那样相互扶持，因为他们有着共同的工作远景，都想把世界变得更好。不过很遗憾，忠实于公司并不代表团队里的每个人都忠实于伙伴，也不代表他们就知道如何建设忠诚团队。

西奥·罗宾斯（Theo Robbins）是"凯利之家基金会"的经营者，这是一个旨在改善教育的非营利组织。该组织每年向各地的社区机构提供共两千万美元的报酬，这些社区机构涉及三个领域：早期少儿教育，教师发展以及高等教育预科。

西奥曾经是一名初中教师，至今他的着装风格也很符合以前的职业：卡其裤，褐色的鞋子，领尖带扣的格子衬衫。西奥从小就与"凯利之家"

的孩子们为伍，十二年前，他加入了这个机构，五年前被提拔为执行主任，而如今，他打电话向我们求助了。

"我们失去了一位重要的赞助者，"西奥说，"我们还在争取。"

我们告诉他，筹款募捐这种事不在我们的业务范围之内，但是他很快打断了我们的话。"不，"他说，"不是募捐的事。我们董事会的一位成员认识你们，她让我打电话给你们，因为我们在遭遇经费缩减之后出现了决策困难。她认为这是一个团队建设问题，是你们能帮上忙的。"

这家机构一共有三十名员工。领导团队中还有六位成员：项目负责人三位（前面提到的那三个相关领域各一位），代理律师一位，募捐与机构发展负责人一位，市场运营与通信负责人一位。

该机构最大的一个赞助商此前决定改弦更张，转而资助别的机构了。"他还是关心教育的，"西奥说，"只是那已经不再是他的头等要务了，所以我们失去了业务预算的15%。"

早在变故发生的一年之前，这位赞助商就已经发出了声明，所以西奥和他的伙伴们早就知道今后在制订计划的时候将不得不面临一些艰难的选择。而正是这些艰难的选择，让他们感到不舒服。

西奥告诉我们，当团队开始讨论预算缩减的时候，成员们都会马上地、几乎是条件反射地想方设法避免认真决策。他们想到了使用某种方案来削减预算——比如说，公司各个项目分摊这15%的缩减额度——这看起来好像还挺公平，一视同仁。当然，这样做还有一个不言自明的好处，那就是他们就此不必去考核并质询其他人的项目，大家也就可以相安无事了。

当他们进一步讨论这样做的后果的时候，就发现其实平摊损失并不是那么的公允，也并不明智。于是乎，团队走向了另外一个极端。这下他们不打算每个项目都削减开支了，而是干脆砍掉三个领域中的一个，这样就可保住另外两个领域的项目。没有人希望看到这种结果，但是理论上来讲，他们公司确实可以停掉儿童早期教育的项目，并增加其他领域的项目投入。或者也可以砍掉教师发展领域的项目，以支持儿童早教以及高等教育预科项目。再或者，取消高等教育预科项目，用以支持其他项目。而这种一刀切的业务削减好像怎么看都不是明智的选择。

最终，他们想到，可以削减机构中的管理费用。

西奥希望他的员工们能够更加深思熟虑地解决问题，以一种更加具有策略性、更加精细的方式削减支出。

"我们已经拖延了好几个月了，我们已经没有时间了，"西奥说，"我们下周要开一次会，我希望你们能够过来指导我们做出最终决策。"

我们告诉他，我们会去会议现场，观察他们团队成员的互动，并记录他们的发言以及弦外之音。我们认为，只有亲眼观察到他们的团队现状之后，才能够给出指导性的建议，帮他们确定决策停滞的症结所在。在那样的基础上，我们才能够根据我们所观察到的团队行为模式给出相应的建议。"你们就不能直接给我个解决方案吗？"他说着，叹了口气，"好吧，我们计划一下。"

出于会前准备的需要，我们又问了几个问题。西奥告诉我们，每一位成员都非常热心于教育事业。他们对自己的工作都是热情满满，三位项目负责人与他们各自所支持的机构之间也建立了非常牢固的关系。他们每个人也都进行了调查研究并给出强有力的解释，用以证明在他们领域的投资会给教育事业带来最大的收益。

"每个人都非常关注他们的领域，所以他们都找到我，想要说服我保留他们的资助项目，"西奥说，"塞丽娜（Serena）负责儿童早教项目，她在我办公室里都快哭了。她不想让她资助的那些人们失望，她觉得相比于教师以及高中毕业生，那些学龄前的小宝宝们理所应当被放在优先的位置。"

西奥在谈论现状的时候，他的声音流露出了压力。塞丽娜并不是唯一一个牵动他心弦的人。索莱达（Soledad）是教师发展项目的负责人，她和西奥一样曾经也是教师。"你知道教师们有多不容易，"她说，"要是教师失去了支持，那孩子们就没有成功的希望了。"

就连负责高等教育预科的查理（Charlie）也跑来为自己的项目求情。查理是一位退休的企业高管，这是他的第二职业。"西奥，你知道的，"查理说，"当今社会，大学文凭就相当于以前的高中文凭一样。如果孩子们不上大学、不能从大学毕业的话，那么高中文凭就变得没有意义了。我们有统计数据：那些收入不景气的高中和大学，毕业率都非常低。"

所有这些事，西奥都很清楚。他知道查理是对的，就如同他知道塞丽娜和索莱达也是对的一样。在西奥看来，这三个资助项目都是有重大意义的，无论对西奥个人而言，还是对"凯利之家"而言，抑或是对他们所服务的那些社区而言。"我真的不知道该怎么办了，"西奥说，"我希望你们能够在我们的会议上发现解决问题的突破口。"

第二周，我们来到"凯利之家基金会"的办公室，看到西奥正坐在办公桌旁。"很高兴见到你们。"他说完，带领我们穿过大楼来到领导团队的会议室。

西奥跟大家说我们是团队建设专家。"咱们这个团队确实非常棒，"他对员工们说，"我们合作的也非常好，但是我们现在遇到了瓶颈，我们需要借助旁观者的视角来帮我们看清问题。所以他们今天来就是要观察并了解我们的。"

我们做了自我介绍，并解释说，我们一定要在亲自观察之后才能够给出建议。我们说，在会议进程中，多数时候我们都是充当观察员，但是我们偶尔也会提出一些问题以得到更确切的信息。

我们在会议室的后面就座，让他们开始讨论。如我们所料，塞丽娜、索莱达以及查理都做出了慷慨激昂的发言，要求基金会全力支持自己的项目。他们都谈到了各自所资助的机构，都谈到了因各自的资助而受益的孩子们。三个人都认为如果缺少了"凯利之家基金会"的资助，就没有人来弥补这一空缺。那么那些项目就会萎缩直至消亡，最终那些处于困境中的孩子们将会继续面临困境。

每个人都在为自己的项目争辩着，三方争执不下。

索莱达说："我明白你们所有的观点。我信任你们所有的项目。这感觉就像是为了保全性命而砍掉身体的一部分。我尊重你们所有人以及你们杰出的工作。这样的选择很痛苦。"

众人纷纷点头，但是依然没有人做出让步。没有人能够想到更好的办法。每个人看起来都心怀沮丧，都倍感压力，都一筹莫展。

会谈就这样一次次原地打转。慢慢地，我们发现高管之间开始结成小派，并开始小心谨慎地试探对方的痛点。市场运营负责人提议，资助者应该首先支持幼儿。"我在教育领域并没有你们各位的真知灼见，但是我想说的是，学前项目的筹资确实比其他项目更容易些。"她说。

索莱达和查理立刻对视了一下，谈话陷入片刻的沉默，索莱达随后说道："塞丽娜，我知道你的工作做得非常好，你对教育事业也非常热心，但是你知道，早期儿童教育项目其实有一点异类。教师发展项目和高等教育预科是紧密相连的，这两个领域的项目是彼此相辅相成的。"

我们以为我们看到了真正解决问题的端倪，但是正当这种冲突性的讨论出现苗头的时候，气氛又凝固了。没有人回答，没有人质疑，没有人提问。毕竟那种面红耳赤的辩论对他们而言还是太难接受。

像这样的情境型忠诚团队还没有养成做出艰难决策的习惯。团队成员们最在乎的就是以和善的姿态面对自己的同伴。而就在努力避免冲突的过程中，他们把自己的观点打了折扣，他们的言辞就会变成这样："我知道你比我更了解你的处境，但是……"这样一来，争论在没有开始之前就已经妥协了。在很多时候，他们都心照不宣，都以为分歧是不好的。

西奥试图推进会谈，他请大家思考哪些业务是可以缩减的。他没有让团队成员们继续为自己想要保护的项目辩护，相反，他鼓励大家想象，自己的业务中有哪些是可以舍弃的。当他说到这些的时候，我们看见每个人都在低头看桌子，一言不发。

最终，查理开口了："西奥，你来决定吧。无论你如何抉择，我们都会执行的。我们没办法做这个决策，但是我们都相信你。"

西奥耸了耸肩，看了看手表，提议大家先休息一小时去吃午餐。

管理团队成员们纷纷走出会议室，我们和西奥留下。我们等他关上门，然后把我们观察到的结果告诉了他。我们快速带领他浏览了四种团队类型，并解释道，即便在今天这次短暂的会面中，我们也发现了情境型忠诚团队的迹象：团队成员都热衷于机构的整体目标，大家都想把工作向前推进，成员之间存在互信，团队有团结一致的可能。

我们同时也看到，这个团队并不愿意——或者说有点拒绝——把犀利的问题摆到桌面上来讨论，也不愿意开诚布公地争论一些事情。每当有人朝着争论的方向迈出一小步，他们就立刻感觉到不舒适，于是那种想要维持和谐现状的心理就占据了上风，这种感觉就好像是要打消彼此的顾虑一般。西奥的团队成员们最后希望由西奥来做这个艰难的决定，这样他们自己就不用做了。当然，西奥是有能力做出决策的，但是那对他的团队而言是一种伤害，对他们曾经全心全意帮助的孩子们也是一种伤害。三位项目负责人非常了解他们所资助的项目，非常了解项目的深远影响。西奥是站在高处，而他们则是亲临一线的人。

在忠诚团队中，每当团队成员有批判性的思维时，其他人也会从中受益。在一个彼此关注对方成功的团队里，那种活力四射的辩论正可以让每个人的思维变得敏锐。忠诚团队的成员们正因为彼此尊重，才敢于辩论——他们希望彼此试探，并相信能够达成目标。

"我的伙伴们本意是好的，"西奥说，"他们就是不懂得彼此质疑也是一种良好的表达方式。"

这样一来，问题就有点深刻了。我们告诉他，在情境型忠诚团队中，每个人的信任程度是不一样的，并不像忠诚团队那样所有人都互相信任。并不是说他们彼此不信任，他们只是不确定如果自己引发了激烈的争辩，将会带来什么后果。可能有些人会受伤，或许有些人会生气，没有人知道会发生什么，所以他们宁愿保留意见，为的就是保护彼此，或者说保护自己。

当情境型忠诚团队遭遇岔路口的时候——正如"凯利之家基金会"现在这样——他们可以选择利用以往的经验来加强伙伴关系，进而成为一个忠诚团队；他们也可以选择那条看似阻力最小的路，继续一团和气。他们必须有计划地行动，表达出自己的担忧，否则的话，他们就又会跌落到原先那种低产能的行为模式中了。如果缺乏刻意引导，那么团队内部的非正式结盟可能会发展成为竞争派系。这种局部的信任关系就会进而变成一种条件交换：如果你为我做这个或者不为他做那个，我就相信你。

"很好，"西奥兴奋地说，"这些都是对的，但是我该怎么做？我是说，大家都等着我拿个主意，我现在怎么做才是对的？"

我建议他下午会议的一开始先把他观察到的情况说一说。他知道他们彼此都很关心，也都很关注彼此的项目，但同时也有一些问题阻碍了团队讨论的推进。

"你可以让他们思考阻碍因素到底是什么，"我们提议道，"他们知道会谈陷入僵局，听听他们对会谈迟滞的原因分析或许是很有趣的。"

我们还建议西奥把他所知道的告诉团队成员们：他知道这个团队目前很强大，也知道团队成员之间的关系牢固到足以容纳意见分歧的地步。他们可以在不涉及私人恩怨的情况下讨论一些政策上的分歧，而这种健康的争论也会让他们从中受益。

最后，我们建议他从团队成员的具体争论中抽出身来。

"这是什么意思？让他们自己讨论然后把结果汇报给我吗？"他问道。

"是的。"

如果之前西奥所说的关于他们团队的情况都是真实的——团队成员们都深刻了解自己的项目，都非常热衷于自己和他人的工作——那么毫无疑问，他们就可以自己找到问题的解决办法，不用西奥出手相助。

这也是他们唯一能走的路了。

"就这样把问题丢给他们，我觉得有点过意不去，"他说，"但是如果你们觉得这样做是对的，那我就试试。"

我们确实那样认为，所以我们祝他好运，剩下的事情就交给他了。

第二天，我们听到了他的反馈，他的语气听起来很乐观。

"好像起作用了，"他说，"当我问他们是什么原因让讨论陷入僵局，他们的回答令我惊讶。我本以为他们是不想失去自己的地盘，但实际上是因为他们并不想伤害彼此的利益。一方面，他们担心自己的言论可能会表现出对彼此努力工作的不尊重，以及对别人项目重要意义的忽视。而另一方面，他们又对自己所资助的机构尊重有加，如果削减资助，那么可能会令那些机构失望，感觉就像是背叛或者否定了他们的价值一样。"

西奥给团队定下了一个最终期限，然后就回到自己的办公室里做事去了。下午六点钟，西奥还坐在办公桌前的时候，索莱达敲门进来了。她告诉西奥，他们目前还没有做出决策，但是他们信心满满，认为一定能办到。她请示道，今后团队是否可以定期安排一些没有西奥参加的会议。

"一开始，我觉得有点受伤。"他向我们吐露心声。

我们打消了他的疑虑，我们告诉他，这是一个好的迹象，他应该为自己的团队感到骄傲，为自己的领导力感到骄傲。这标志着团队成员得到了成长，他们认为自己可以更进一步，可以在没有上司指导的情况下做出决策。在这种情况下，团队成员们认为他们到本周末之前就可以拿出一个让所有人都满意的解决方案了。

"索莱达说，一旦他们真的开始深入讨论，他们就放下了顾虑，甚至开始思考如何通力合作，解决现有项目中的问题，"西奥说，"他们开始寻找一些更为温和的财政削减手段。"

在没有上司坐镇的情况下，团队成员们拿出了过去一年中各自调研得到的结果，他们对基金会不同项目的效率进行了比对。大家还把众多项目按照效能进行排序，并想办法重组或者简化它们。

"这促使我停下来反思自己的工作方式。以往我的行为造成下属们只思考自己项目之内的事情，"西奥说，"我可能需要进一步放权了。很显然我低估了他们的能力。"

"如果他们能够在这种艰难的决策活动中承担更多，"他补充说道，"那么对我也是一种解放，我就可以有更多的精力去做筹资的事情，而他们或许就不用那么担心钱的问题了。那毕竟也是我希望看到的。"

那也是我们希望看到的。

从良好到卓越：从情境型忠诚团队到真正的忠诚团队

情境型忠诚团队给人的感觉已经很积极、很高产了，所以在相当多的时候他们并没有迫切的改革需求。他们摆在台面上的永远是好的一面，而且他们满足于"还不错"的现状。

情境型忠诚团队满足下列条件：

·这是个好团队，但是可以更好。

·个别伙伴之间有着坚固的互信关系，但是并非所有人都如此。

·如果有人要求，你愿意伸出援手，愿意合作。

·你愿意与别人各让一步达成妥协。

·团队成员在制定决策、解决冲突以及提供反馈等方面过于依赖上级领导。

·守望相助、友好辩论的情况只在局部发生。

·当讨论进入犀利的部分时，你们会因为害怕负面情绪或者害怕伤害别人的感情而停止谈话。

·在遇到困难的时候，你无法理所当然地向同伴寻求帮助。

情境型忠诚团队效能不佳的原因在于：

·他们满足于"还不错"的现状，而不是努力推动团队的进步。

·当遇到麻烦的时候，团队成员不能够深入分析问题，而是犹豫不决。

·由于过度依赖上级领导，团队成员们的才能得不到充分发挥。

·并不是所有的团队成员都全心全意关注自己的伙伴，至少并不是时刻关注。

·员工相互之间的反馈都太"人畜无害"了，那些最犀利的问题迟迟得不到讨论。

如果是情境型忠诚团队的领袖，你应该这样做：

1. 促使大家共同负责。

可能你是一位出色的团队领袖，整个团队都对你过度依赖。那你就需要反思：你有没有替他们解决冲突？你做的事情是否匹配你的工作层级，你有没有做到很好的放权？你是不是为团队做了太多的决策？你需要为团队建立一些需要员工深入合作才能达成的共同目标。

2. 促成点对点的谈话与反馈。

接下来你的团队成员们就需要习惯于给出并接收反馈了，有时候反馈的内容比较犀利，但是一定要习惯它。在追求卓越的过程中，一定要调整心态，忍受这种尖锐犀利带来的不适感。你应该目光敏锐、不断寻求反馈。

3. 不要安于现状。

不要让你的团队消磨斗志，不要满足于现状。当人们看不到明显的问题迹象的时候，就容易安逸下来。你需要给伙伴们指出走向卓越的前景，需要尽早并经常与大家谈及团队的进步。要高标准严要求，要让团队成员相信自己能够做得更好。

如果是情境型忠诚团队的成员，你应该这样做：

1. 为伙伴间的共同负责做出表率。

直面你们团队内的问责。当你看到积极或者消极的团队行为时，要直言不讳。如果发现别人的行为与团队的行为准则不一致，就要有礼有节地指出。当然，当你自己没有完成职责的时候也要站出来承认。

2. 敢于进行犀利的谈话。

要敢于谈论"房间里的大象"①。由于大家都意识到问题的所在，所以一旦讨论开始，那么进展将会非常快。大多数团队成员还是希望进行一些真正的讨论，解决一些真正的问题的。

3. 寻求并给出反馈。

给出并接受坦率的反馈是有难度的，尤其是在同侪之间。但是忠诚团队的成员就可以做这种事，因为他们关切彼此的成长。当然，人们在没有得到明确的认可之前，是不可能主动为他人提供反馈的，毕竟太不和谐了。所以你一定要敢为人先，主动寻求反馈。当你准备好向别人提供反馈的时候，你也需要先征求对方的许可，确保对方知道你的本意是为了帮他、支持他。

4. 帮助队友取得成功。

己欲立而立人，己欲达而达人。

5. 和你的每一位伙伴都建立起忠诚合作的关系。

一个团队的牢固程度取决于其中最弱的一环。把注意力放在那些最需要努力建设的人际关系上。要以身作则，成为一个忠诚分子。

供职于情境型忠诚团队，是一种既令人兴奋又令人疲惫的体验。这样的团队中有很多高效率的工作习惯以及好的发展趋势，但是与此同时，他们不太容易接纳变革，因为现状看起来已经相当好了。团队成员们彼此尊重，他们为自己的工作感到骄傲，他们觉得团队已经好得不能再好了，然而这种感觉是具有欺骗性的。

---

① 译者注："房间里的大象（the elephant in the room）"是英文谚语，用来指那些显而易见，而又无人愿意提及或者被刻意忽略的问题。

　　如果你的团队是一个情境型忠诚团队，那么恭喜你，你们目前做的很多事都是正确的。但是还有一些问题是你们没有看到的，还有一些事情是你们没有做到的。不要安于现状，你们可以更进一步，成为一个忠诚团队！

6

忠诚团队

伊恩·坎贝尔像往常一样接听了女儿打来的电话，女儿立刻把电话交给了他的小外孙女。

"姥爷姥爷！你今天错过了一个大新闻！"电话那头传来七岁小女孩的尖叫，"我今天把一颗黑钻石装上了雪橇。第一次哦！太厉害了！"

伊恩听着小女孩天马行空的故事，说自己为她感到骄傲，还承诺下次一定要亲眼看着。然后挂断了电话，环顾办公室四周。这是一个很好的办公场所，位于丹佛科技中心，足够舒适、足够方便。但是就在他坐在办公室里的同时，他最爱的家人们已经在滑雪场度过了愉快的一天，正乘车沿着I-25公路回家。

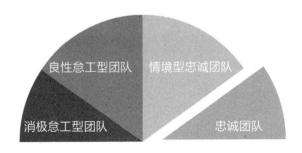

虽然已经六十二岁了，但伊恩身体不错，还能滑滑雪。只不过现在作为公司 CEO，他很少有机会去滑雪了，而像这种工作日碰巧又赶上外孙女放春假，机会就更渺茫了。

伊恩的脑海中浮现出两幅图景：一幅是他的女儿开车载着一群孩子；另一幅则是公司高管们齐聚会议室，等待他的到来。

伊恩知道他的团队成员都是意志坚定、头脑聪明、天赋过人的。他还记得秋天他们召开团队建设会议的时候那份欢欣鼓舞的心情。当时每个人都积极参与其中，他们对旧的规则提出挑战，听取彼此的意见——即便是最犀利的反馈也认真倾听。而在团建会议结束后，这种势头并没有停止。他知道自那以后，团队就一直全速前进。

"是时候了。"他自言自语道。

伊恩走进会场，很高兴看到团队成员们在没有他在场的时候已经开始了会议。他们在一起讨论问题解决方案，公开讨论着一些尖锐的问题。他们没有他也可以做得很好。伊恩考虑着这一天余下的日程，不过他已经非常确信自己要退休了。当天晚上回到家，他问妻子是否已经做好了准备。他们几个月以来一直在谈论他退休的事情，而如今，这场讨论增加了新的紧迫感。他们一直聊到深夜，最后达成一致：本周末给出最终的决定。他们知道，周日中午之前就会见分晓了。伊恩写了一封电子邮件给他的首席人力资源官苏珊·蒂姆斯（Susan Timms），让她早上召开会议。他按下了发送键，心中希冀与畏惧交织。他的团队接下来将会何去何从呢？

第二天早上，伊恩几乎没有预兆地宣布了退休的消息。苏珊认真听着，尽管心里有一点难过和惊讶，但她还是很有职业素养的。她明白，想要领导权平稳过渡，就需要有周密的计划，所以她已经开始思考如何行动了，她进行了一系列的发问："您对进程有何要求？""您是否已同董事会安排好时间？""还有哪些人需要知情？何时告知？"

伊恩说他想留任到年底之后，这样新的总裁就可以选出来，并在九个月之内准备好任职。

"我可以负责后勤工作，保证每件事情都按照我们的计划进行，"苏珊说，"您认为我们在这一过程中是否需要借助帮手以带动团队健康运行？"

伊恩点了点头，并建议苏珊立刻打电话给我们。

"嗨，"她说，"我这边的电话开启了扩音器，伊恩坐在我旁边。"

伊恩在这家公司任职的早期阶段，我们曾经有过合作。彼时，整个国内的服装行业在经历了长达二十年的荒芜时期之后才刚刚显现出复苏的迹象。那个时候的托雷斯服装公司作为一家私人控股企业，已经有三十几年的历史，是为数不多的从经济繁荣时期起就一直存在的服装公司。作为新上任的总裁，伊恩明白，想要让公司发展起来，就需要周密的计划、谨慎的预测以及富于扩张性的战略安排。于是他意识到，他需要一个高效能的管理团队。

如今，多年以后的伊恩作为一位经验更丰富的总裁，最关心的事情还是维护队伍的团结。

"毫无疑问，我们有一个忠诚团队，"他说，"我想要确保这个团队在移交到下一任总裁手中的时候依然是个忠诚团队。"

伊恩心目中有两个内部人选，他相信他们中的任意一人都可以接任团队的最高领导职责。

"他们是这个团队的核心成员，哪个都可以成为最出色的领袖，"伊恩说，"我们这个团队整体风气是非常良好的，但是我们公司走过的弯路，你们还记得吧？"

我们当然记得。当时的伊恩还是销售部门的执行副总监，同时也是竞选公司总裁的三位候选人之一。于是，三个曾经并肩作战的伙伴一下子感觉彼此似乎站在了敌对的位置。这场竞选之争持续了整整一年。似乎托雷斯公司内部的每一位员工都卷入了这场风波。有些人面对自己所支持的候选人，或打小报告或谄媚；还有些人甚至对自己不喜欢的候选人暗中使坏。

最终，伊恩被任命为总裁，另外两个候选人则突然离开了公司，至于其余的高管们，早已被这场竞选之争搞得心力交瘁了。

"我不想看到那样的事情再发生了，"伊恩说，"我又不能放任我的团队自己度过那种时期。我做不到。我太关心他们了，我们这个团队经受不起那种风波了。"

在很多时候，我们都可以看到如上文所述的那种继任者之争，而这种内部斗争对公司的危害也正如伊恩曾经见识过的那样。我们告诉伊恩，想要同时留住两位候选人可能有点不现实。如果两位候选人都已经在谋求最高领导的职位，那么他们很可能会千方百计地去达成目的，如果在托雷斯公司内做不到，很可能就要去别的公司。但是我们向他保证，曾经的那场继任者风波是完全可以避免的。

前任公司总裁手下的高管团队并不能称得上是一个忠诚团队。当时那个团队的成员们并没有合适的方法以及良好的行为习惯来帮助他们有效地应对重大变革——无论是面临外部市场环境的变化还是内部职位的变动。

　　然而伊恩和他的手下却克服了重重困难，最终建立起一个忠诚团队。只有这样的团队才能够在种种变革中不断变强。因为忠诚团队内部的人际关系足够牢靠，每位员工都能做到开诚布公，所以他们的团队可以避免那种打小算盘、打小报告之类的习气，进而也就避免了内斗。

　　伊恩信任他的手下，希望他们能够在候选人选举期间仍然专注于工作，但是他心里有些没底。他觉得如果能够借助外来的力量来监控这一权力交接过程，将会很有帮助。我们同意在接下来的一周里与他和苏珊亲自会谈。

　　当我们抵达那里时，苏珊在接待区迎接了我们，然后带我们来到伊恩的办公室。当时是上午九点，伊恩正准备开始工作。他刚煮了一壶咖啡。他卷起袖子，将继任者选拔计划以及时间进程摆在了桌面上。

　　"第一，很高兴见到你们，"伊恩说，"第二，我有个好消息。我已经跟董事长谈过了，董事会同意从我们团队内部选拔继任者。我们现在手头就有两个非常出色的候选人。"

　　"你们怎么看？"他指着他与苏珊指定的进程安排问道，"我周五的时候又和董事长通了电话，还打算找我们的首席运营官布莱恩·柴尔德斯（Brian Childers）以及我们的销售部门负责人海伦·罗森（Helen Rosen）谈谈，到下周，我希望他们能够了解，在我们准备好向整个团队宣布候选人名单之前，他们可以秘而不宣。"

　　我们要求伊恩跟我们介绍一下整个团队现在的状况，描述一下该团队自从我们上次合作到现在都发生了哪些变化，并解释一下团队各部分之间是如何分工协作的。当我们仔细了解了整个团队的状况之后，我们都觉得大家肯定不会对候选人名单感到意外。托雷斯公司的首席法律顾问已经明确表示不想担任最高领导，技术部门的负责人既没有资历也没有兴趣，创意部门的负责人也是一样。

"我发现这两位负责人有非常明显的优势，"伊恩说，"现在关键是我不想让其他任何人觉得自己需要站队。布莱恩和海伦都与团队成员之间建立了非常好的关系，正是这种融洽的关系让我们团队能够通力合作。也正是由于他们的原因，我们团队才能够在行业内保持机敏的思想和行动。我担心的是，如果在候选人产生之前就宣布我退休的消息，可能会打破团队目前的平衡。"

我们理解伊恩的担忧。不过我们觉得要求两位候选人长期向其他伙伴保守秘密这件事是不对的。如果只有他们两个人知晓伊恩的计划，那么他们在今后会议发言的时候就不得不控制自己的言论，对于有些不方便解释的事情只能选择之后再说。这样做将会给他们带来额外的压力，还会影响他们对当下机会的把握。而伊恩则坚持认为，他们应该拿出自己的最佳状态，向董事会展示自己的能力。

我们询问这个团队的行为准则，伊恩快速地列举出了几点：

· 我会无条件相信伙伴，假设伙伴怀有积极的动机。

· 我会为了公司的整体安排而将我的个人工作安排降到次要位置。

· 己欲立而立人，己欲达而达人。

· 有事当面讨论，绝不背后议论。

· 再犀利的问题也要开诚布公地谈。

"明白了，你们说得对，"伊恩说，"我不能告诉他们我要退休的事情，他们身为候选人必须要保守秘密，我们团队已经建立起了高度的互信，如果我让他们保守这个秘密，那么我就不再是开诚布公了。我不知道那样会产生什么后果。"

我们让他想想替代的方案。如果他充分信任团队成员，并且同时宣布这两个重大消息，那么团队会发生什么变化？如果他告诉员工们说自己即将退休，又说布莱恩和海伦中间将会产生他的继任者，那么会怎样呢？这对于团队成员来说确实有点冲击力，但是我们相信他的团队足以接受这种变故。我们再次向伊恩强调，信任是每一个忠诚团队的基石。

在我们与情境型忠诚团队和忠诚团队合作的过程中，我们看到很多团队由于外在的威胁——例如新的竞争者出现或者市场环境的变化——而同心同德、众志成城。那么一个忠诚团队是否能够通过内部的变革来达成同样的效果呢？

我们请伊恩一起思考这种可能性：最终，他的团队可以完美秉承他在托雷斯公司建立起来的企业文化，进而成为一个效率更高、业绩更优秀的团队。

"既然我们谈到了这一点，那我也想不出更好的办法了，"他说，"那我们就试一试吧。"

第二周，他找到团队的每一位成员一对一面谈，把自己的计划告知他们。两周之后，在判断他们适应了这一消息之后，我们对每个人进行了回访以判断他们的反应。

在我们召开会议之前，伊恩告诉我们，有几位团队成员既为他感到高兴，同时也感到难过。他们乐于为他效力，觉得他的退休将会造成人事上的空缺。然而，他们也很高兴地看到，继任者的候选人正是他们熟知并喜爱的两位伙伴。

我们的采访证实了伊恩先前告诉我们的内容，同时让我们看到了一个新的角度：焦虑。即便大家都知道候选人有两个，但未来团队的走向也还是不明朗的。

在我们采访设计团队主管佩吉·古德温的过程中，她表示她尊重布莱恩和海伦。"我对他们两个评价都很高，"她说，"但是伊恩的领导力是毋庸置疑的。他是我的导师，我从他身上学到了好多，我依赖他。我不知道如果换了总裁我还能不能找到这样一位良师。"

首席信息官曼纽尔·桑切斯同样对伊恩的退休表示惋惜。"他是我们团队强有力的核心，"曼纽尔说，"我觉得海伦可能更接近他的位置。我不知道布莱恩是否具有足够的战略眼光。我无法设想托雷斯公司在布莱恩的领导下将会如何发展。"

当我们采访到海伦的时候，她表现出谨慎与谦虚，不过她的观点仍然与曼尼（Manny）^①一致。"我希望我能够成为继任者，"她说，"我真心觉得自己更有资格，不过这样说可能会有点难为情。我没有轻视布莱恩的意思——他非常出色——但是我不知道如果继任者是他的话我还会不会继续留下来。我已经准备好出任总裁了，我知道那就是我下一步的目标。"

布莱恩的态度不太一样。他对这次机遇的到来感到很兴奋，同时也感谢领导能够考虑他作为继任者。

———————————

① 译者注：曼尼（Manny）是曼纽尔（Manuel）的昵称。

"自从我来到这家公司，发生的每一件事，"他说道，"每一件事——无论是我们把生产部门从约 4.6 万平方米的海外投资生产厂家改成几家相对较小的国内生产厂家，还是我们把设计的重点从冬季运动服装变成了休闲舒适风格——每一次改变都是一次学习与成长的机会。如果伊恩希望通过今后六个月的工作使我和海伦得到成长，那么我完全赞同。这对于我、对于公司都是有利无害的。"

在完成了采访并理顺了思路之后，我们向伊恩做了反馈。伊恩得知每个人都热爱同伴、热爱公司的工作，他心怀感激。他表示自己怀有谨慎的乐观态度，希望团队能够在市场竞争不致受损、工作重心不致偏移的情况下，度过这次人员变动时期。

"那么，布莱恩和海伦怎么样呢？"伊恩询问道，"我希望确保他们都处在最佳状态，这样才能够在完成日常工作的前提下抓住机遇。"

在接下来的六个月中，董事会将会一直观察，看看两位候选人中谁更适合接任总裁。董事会目前了解到布莱恩更擅长管理日常运营工作，他们还了解到海伦能够促进团队销售的持续增长。然而，关于这两个人，还有很多事情是他们不了解的。

作为首席运营官，布莱恩的思考方式更偏向战术性而不是战略性。他需要到处灭火，需要立刻给出问题的解决方案而不是去想五年之后的远景。他在董事会面前展露的很有限。如果要成为总裁，那他就需要时时刻刻心怀大局，还要展现出自信、决断力以及前瞻性的思维，这些都是总裁级别的工作所必需的品质。他需要向董事会展现出这些方面的品质，更宏观地说，是要向整个行业以及公司的所有员工们展现这一品质。

对于海伦，人们的疑虑主要在于她的财务敏感度以及对运营性工作的理解。作为销售负责人，她不需要知道产品生产的每一个细节，不需要知道供应商的要求，甚至不必知道销售活动的具体细节。

还有一个问题就是谁将成为她的继任者。海伦作为销售部门的负责人已经有六年的时间了，伊恩并不确定她的继任者是否能够像她一样领导好这个团队。

通过与伊恩和苏珊的谈话，我们相信，布莱恩和海伦在这一过程中将会受到培训，进而从中受益。在很多时候接受培训的需求都来自危机的出现、业绩上的挑战或者业绩上的亏损。我们知道，最有效的培训是在变革阶段发生的，这种情况下压力很大，目标很明确，而且前方的机会也很诱人。我们欣赏伊恩的远见。伊恩也明白，这个团队的整体管理需要人来帮忙。他希望确保团队中的其他成员在过渡时期也能够得到支持与帮助。

"我们有一系列非常不错的行为准则，你们也看到了，"伊恩说，"我认为这对他们的状态恢复是有帮助的。这些行为准则也可以帮助团队快速恢复团结，可以帮助员工们思考是否需要达成新的一致意见，帮助他们未雨绸缪，应对过渡期内可能会出现的挑战。你们以为如何？"

我们表示同意，而且未雨绸缪确实会令团队受益。如果能够创立一套制度用以指导过渡时期的工作，那么就可以让每个人都感到自己与团队紧密相连，进而在整个过渡过程中始终专注于工作。我们选了一个日子，着手准备。

两周之后的一个清晨，我们在托雷斯公司的会议室里见到了伊恩。他看起来很紧张，一反常态地紧张。

"我感觉这件事很复杂，"他说着，为我们打开了门，"这件事对我的冲击比我想象的还要大。"

在会议室内，全部团队成员就座于大会议桌旁，他们看起来异常恭顺，正如伊恩表现出的紧张一样异常。在一声简短的"早安"问候之后，空气归于沉寂。

伊恩的目光扫过会议室里的每一位团队成员。"这对我来说并不好受，"他说道，"我为这个团队、为这家公司感到骄傲。我们已经取得了巨大的成就，我们一路上避免了很多陷阱与障碍，而我们的竞争者们却没有做到这一点。我们之所以会有今天的成就，是因为我们的开放、坦率与忠诚。我们今后也要保持这些品格。"

"然而，"他说，"我在上一次的总裁继任过程中受到了一些刺激。你们有些人当时也在场，你们应该记得，那场风波不但影响了我个人，也在几年的时间里影响到了我们公司的业务。我今天之所以找大家来，就是希望咱们能一起讨论一下，我们如何才能够平稳度过这段过渡期，同时还能让一切工作不受到影响。"

在场的每一个人看起来都很关心这一问题。

我们首先试探了一下大家的情绪。"各位听到这个消息已经有两周时间了。现在你们心里最想说的是什么？"

于是高管们一个个都表露了之前我们在采访中听到的那些心声：他们因为失去伊恩而感到难过，他们希望这个团队能够继续作为一个忠诚团队，他们支持两位候选人。其中有一部分人表达了一种天然的担忧，他们担心这将会对团队造成不良影响，他们还表示，伊恩过去在他们的个人成长与职业发展方面都扮演了很重要的角色。

海伦想得更为深入，指出了一个潜在的问题。

"对于在座的任何人，我都不担心，"她说，"我担心的是公司内部其他人怎么看待这件事。在缺乏足够了解的情况下，人们往往会花费大量的时间去冥思苦想，然后就会私下猜想各种可能性，或者传播各种闲话。"

"我们还是把目光拉回来，"我们说，"还是继续关注团队的长远发展吧。"

在片刻的沉默之后，曼尼开口了："我相信在座的所有人，但是我确实见过前车之鉴。我依然记得当初伊恩竞选总裁的时候，大家的日子有多痛苦。我们这次必须要比上一次做得好才行。"

"不过在经历了那样的艰难岁月之后你们已经建立起了牢固的团队人际关系，这已经可以支撑你们顺利过渡了。"我们说，"不过，你们还是要努努力。这对你们也是一种新的考验。"

伊恩点了点头。"这对我来说很难过。我们需要相互督促，共同为团队负责。在这一点上，只有董事会和我们七个人知道我的计划。"

"没错，"布莱恩说道，"我们要如何将这件事传达给我们的手下呢？"

伊恩快速看了我们一眼，又看向布莱恩。"我知道六个月的时间很长，但是我们更希望让一切保持在我们的掌控之内，直到九月份，我们就可以同时宣布我退休的消息以及我的继任者是谁。我会在年终的时候卸任，你或者海伦将会在一月份正式就职。"

布莱恩和海伦面面相觑，仿佛到此时才真的确定事态的严重性。海伦点头微笑，布莱恩也是。"好的，我们共同渡过这一关，"他说，"那么我们具体该怎么做呢？"

这时候，伊恩让我们带领大家就团队的行为准则进行讨论。我们把他们已有的行为准则贴在墙上，承认这些行为准则过去的有效性——这一点众所周知。而如今，团队面临着新的挑战，是时候重新审视这些行为准则并判断是否需要增加新的条款了。我们询问团队成员，是否需要新的承诺以确保团队度过过渡期。

"我认为应该重申我们对每一位伙伴的支持，包括对布莱恩和海伦也一样。"曼尼说道。其他人纷纷同意，于是他们添加了一些新的想法，列举如下：

· 我会积极展示我对伙伴的支持以及对我们这个领导团队的支持。

· 我不会允许别人说团队的坏话。

· 我不会允许别人胡乱揣测我们的团队。

在他们总结了附加条款之后，他们意识到原有的条款是多么强大，他们也意识到，唯一能够阻碍团队前进的因素就只有各种猜疑。所以最重要的行为准则就是遇到难题一定要公开而坦率地讨论。团队成员签名承诺遵守新的行为准则，然后就准备回到工作岗位上了，他们收拾好东西，起身回到办公室。

我们留了下来，与伊恩进行复盘。

"我觉得会议进展得很顺利，"伊恩说，"你们以为如何？"

我们告诉伊恩，我们认为团队目前势头良好。我们和伊恩仔细回顾了新的行为准则，确保它们的完整性。我们表示将会定期和他确认工作进展，并在六个月之内，在向公司全员公布消息之前，安排一次更为正式的会面以确认过渡情况。那天我们走出托雷斯公司办公楼的时候，我们确信，他们的过渡工作一定会平稳进行。

在接下来的六个月中，我们收到了各个团队成员的来电，其中甚至包括苏珊。

"我知道我作为人力资源部门的职员不应该关心这些事，但是我还是很纠结这种领导变更会对我造成什么影响。"她说。

创意部门的负责人佩吉在一周后也打来电话表达了相似的担忧。"我发现，想要装作什么都没发生一样继续和布莱恩以及海伦共事真的太难了，"她说，"我无法做到心如止水，他们中有一个人可是要成为我上司的啊。"

我们和每一位来电者分析了他们的担忧。试图让每个人重新专注于工作，提醒他们之前承诺过的行为准则。

这个团队表现得还算不错。团队成员们仍然继续相互支持，并且在过渡问题上保密。一切都按照计划进行着，直到有一天，超越团队掌控的事情发生了，迫使他们更改了计划。

就在八月，距离计划的公示还有一个月的时候，意外发生了。

"我真的很愤怒，"伊恩说，"而且还找不到可以发泄的人。一位董事会成员不小心把这个消息泄露给了审计员。那个审计员没有找到我也没有找到首席财政官，而是跑到同事那里大肆传播流言。"

我们立刻安排了一次会面以便了解更多详情，并与伊恩和苏珊一起思考应对办法。伊恩和苏珊都感到很沮丧，毕竟之前一切都进行得好好的。高管团队也一直都在遵守行为准则：相互支持，避免猜疑，对外保密。

"事已至此，如果还要让团队伙伴保密的话，就不合适了，"苏珊说，"那就成了装腔作势了。"

伊恩表示同意，他补充道，团队成员们——尤其是布莱恩和海伦——已经承担了太多任务。如果再给他们加码，那就不公平了。

"他们表现得都很好，"伊恩说，"布莱恩和以前大不相同了，之前我们一直没有要求他扮演一位战略思考者，但是那可能是我们的错。他是一个非常有想法的人，能够预见到非常长远的事情。"

董事会也对布莱恩印象深刻。他汇报工作以及回答问题的方式都让董事会成员们对他很有信心。

我们问到了海伦的状况，伊恩说她也在认真努力提升自己的能力。"她的进步也很大，她向人们证明了她对公司财政以及生产流程的理解，"伊恩说，"我还在担心她的继任者能否真的胜任她的角色。我发现海伦在培养自己团队的新任领导方面做得不够好。这也正是领导工作关键的一点——你需要培养下属的能力，让身边的人做更多的工作。"

这样一来，我们就又回到目前的问题了。海伦、布莱恩以及其他管理团队成员要如何向那些已经听说了高层变动的直接下属们解释这件事呢？董事会还需要一点时间才能够最终决定谁将继任总裁一职，所以他们不可能在仓促之间就宣布伊恩即将退休的消息，也不可能就此宣布继任者是谁。

不过，既然发生了这种变故，那么他们也不可能逃避或者含糊其辞了。他们总不能说"没有，没这回事"，因为等到一个月以后董事会向全公司宣布最终结果的时候，他们就成了撒谎者了。

最后，团队成员们只有一个办法可以应对当前的局势了，那就是：每个人可以告诉自己的手下过渡工作已经开始，还要说明这一进程目前的进展情况。

"就这样把一切都告诉大家？"苏珊问道，"包括候选人是布莱恩和海伦？"

没错。从一开始将候选人范围锁定在团队内部开始，伊恩和董事会就对这个团队表现出了信心。他们对公司目前的发展道路信心满满。无论最后选的是布莱恩还是海伦，董事会都能够保持高管团队的连续性，能够在战略上保持团队的团结，避免分裂。而对于广大员工来说，这也是个好消息。

对于一个希望建设忠诚团队文化的公司而言，这是一个机会，正好可以让大家看看忠诚团队的企业文化是什么样子。我们建议伊恩把目前知道的情况告诉员工——包括他们从一月份到现在所取得的进展，包括新总裁候选人是布莱恩和海伦——并承诺一旦决策产生，将会公布给员工们。

伊恩同意我们的看法，他说一旦董事会许可，他将会通过网络公示的方式解答员工的疑问。他还要求我们为管理团队提供帮助，不过事实证明他们并没有这个需求。在伊恩公布了处理决策之后，苏珊向管理团队解释了决策的依据。这已经足够了。

在伊恩退休一个月后，我们又和他一起喝咖啡。他回忆起了过渡阶段的情形。

"我无法形容这个团队有多么出色，"还没等我们打招呼，伊恩就开始了正题，"布莱恩和海伦两个人难分伯仲，不过到最后还是布莱恩胜出了。

海伦虽然感到很失望但依然感谢这段经历。"

就在公司宣布了布莱恩的任命后不久，海伦接到了另外一家公司的最高领导职位邀请。这是一家高端零售连锁公司，他们在好几年前就曾经邀请海伦去担任他们的销售部门负责人，而如今，在听说了托雷斯公司的决策之后，他们立刻再次发出了邀请，这次他们给出了总裁的职位。这家公司虽然规模较小，但是声誉很好，发展势头也很不错。在经过了短暂的面试环节后，他们决定请海伦出任总裁。

"海伦告诉我，她已经准备好接受挑战了，打算接受邀请，"伊恩说，"她告诉我，她非常感谢我能给她机会在托雷斯公司成长。她说，如果没有这些机会，自己绝不可能成为胜任总裁之职的人。"

海伦非常热爱她的伙伴们，尤其是对布莱恩，所以她承诺会再留任几个月，为的是从团队中找到自己的继任者，以便支持新上任的布莱恩。

"你们能相信吗？"伊恩说，"虽然很遗憾看到海伦离职，但这真的非常棒不是吗？真是一次令人难忘的经历。"

在伊恩卸任几周之后，布莱恩才搬进了他的大办公室。直到那时候，他也仍然不急于因工作变动而影响生活。为孩子们拍照永远是他的第一要务。几周之后，他的窗台上出现了两株植物。九个月之后，当我们再见到他的时候，他又多了一张"托雷斯峰"的照片，拍得非常棒。

"我老婆拍的，"他说，"我升任总裁的时候，为了庆祝，我们爬到山顶。"

那份兴奋之情仍然没有消退。布莱恩觉得他拥有行业内最好的团队以及市场上最棒的产品。作为一个经常挑战自我的人，他看到前方充满了机遇和挑战。

"一切都进行得很好，"他说，"但是我刚上任，我们团队里有两个新人①。从某种程度上讲，我们整个团队都是新鲜的。我喜欢确保我们在朝着正确的方向前进，确保我们没有遗失任何东西。"

"下次我们召开场外团队建设会议的时候，你们能来给我的团队做一次健康检查吗？"他问道，"我感觉这就像是孩子在入学前做的健康检查一样。没什么严肃的，就是敲敲膝盖，量量体温，如果有什么需要注意的问题，直接告诉我们就好了。"

后来，根据安排，他们的团队进行了为期两天的场外团建活动。布莱恩邀请我们参与了其中一部分环节，为的是让我们观察团队并给出实时反馈，看看团队成员们有没有真正做到最好。

我们欣然应允。我们陪伴这个团队一路走来，都觉得自己像是团队的成员一样了。我们深切关注他们的成功，所以我们当然想去参加。我们期待见到我们的老朋友以及团队的新成员。

运营部门的新负责人是维多利亚（Victoria）。在布莱恩成为总裁之后，维多利亚立刻就得到了晋升。之前在布莱恩执掌运营部门的时候，维多利亚一直是他的得力助手，所以她的继任几乎是无缝对接，就好像这个职位是为她量身打造的一样。其他的管理团队成员也都对她充满信心，全力支持她适应新的职位。

而海伦的工作交接则花费了比较长的时间，比布莱恩预期的还要长。

---

① 译者注：由于布莱恩的升任和海伦的离开，原来二人的位置由新人接替，所以说"我们有两个新人"。

他面试过几位应聘者，他们在技术上都符合条件而且简历也都不错。他们在面试的初期甚至能够对提问给出正确回答。但是接下来的面试结果就让布莱恩和其他团队成员感到不舒服了，总感觉好像缺了点什么一样。

这种缺失往往是在企业文化方面。那些应聘者确实了解行业，也曾经领导过高效能的销售团队，同时也拥有做好事业的渴望，当谈到他们的领导力以及团队协作信念的时候，劣势就显现出来了。其中有一名应聘者，托雷斯公司的管理者们从各种蛛丝马迹中发现他太自以为是、太以自我为中心，或者面对"人力资源员工"的时候太傲慢。而另外两名应聘者在布莱恩谈到团队协作、领导力以及践行价值观的重要性时，就礼貌地拒绝了后面的谈话，直接离开了。

不过，没能录取他们绝对是明智的。在我们以往的工作中，我们曾经见到有一些公司雇用了职业背景不错还有一定经验的员工，结果发现他们并不适应企业文化或者说价值观不同。在那种情况下，管理团队大多会遭受重创。

"劳伦（Lauren）是我们认真考虑的第六位应聘者，我们觉得她好像是我们的同路人，"布莱恩说，"苏珊、曼尼和我在某一个问题上与她不谋而合，我想是曼尼告诉她我们可以直言不讳地提出业务上的质询以及个人的反馈。她没有很痛快地说'没问题'，但是也没有表现出退缩。她继续谦虚地谈到了过去工作中遇到的成功与失败，还热切地讲述了从每次经历中学到的东西。很明显，她适合那种高度协作、以团队为基础的公司。在我们质询她的同时她也询问了我们的企业文化。"

六月，布莱恩向劳伦发出邀请，六周之后，劳伦就任销售部门负责人。

她一上任就投入紧张的工作中。她与管理团队的同事们会面，还用了几天的时间召集销售团队的员工们召开启动会议，此外她还分析了托雷斯公司的竞争对手——这些工作都是在劳动节之前完成的。[①]

劳伦和布莱恩每周二早上会开个站会，每周二早上，劳伦都会兴冲冲来到布莱恩的办公室，就好像她准备了一份大礼，等不及要打开一般。她带着布莱恩浏览她的调研结果并阐述其中的重点所在。托雷斯公司有机会扩大市场份额。她认为，只要公司增加一条低价服装产品线，就可以吸引到那些对时下品牌并不熟悉的人。

"她的热情如此高涨以至于我都不忍心让她慢下来了，"布莱恩说，"但是我们在过去的一年中经历了太多，所以我觉得想要说服团队中的其他人可能会很困难。这一点我也告诉她了，不过我也承认这样的对话将会很有价值。我建议她将自己的调研成果加以整理，在我们场外团建会议的时候发表她的想法。"

布莱恩向我们介绍了更多关于场外团建的信息——日程如何安排、他希望达成什么目标，以及会议地点。他在洛基山国家自然公园附近租了一处猎人小屋，那里距离丹佛市只有九十分钟的车程，他们可以轻松地去那里待上两三天。

当我们到达场地的时候，整个团队已经就位了，大家看起来就像是夏令营的营员或者寄宿学校的学生重新聚集在一起。几乎所有人在所有时候都穿着托雷斯公司的服装。有的是五年前的夹克衫，有的是去年的运动服，

---

① 译者注：美国的劳动节（Labor Day）是九月的第一个星期一。

有的是明年即将投产的样板衫。由于佩吉十几年来一直担任创意部门的负责人，所以在场每一位的着装都体现了她的审美。

我们和老朋友们打过了招呼，向劳伦和维多利亚做了自我介绍。所有人都就座后，布莱恩开启了会议。

"我请三视团队的朋友们过来，是为了给咱们团队进行一次所谓的健康检查，"他说，"除了我们的宏伟的业务目标之外，我们还着眼于我们大家团结协作的意愿。在这一点上，我们的目标同样是很宏伟的，所以我邀请她们参加这次会议，看看我们是否已经达到了一定的水准。各位有什么问题吗？"

没有人发问，于是高管团队开始讨论眼下的工作。布莱恩谈到了他最近与董事会沟通的情况。他对去年一年的主要业务指标进行了简要回顾。

苏珊向团队成员们分享了她新近指定的员工发展倡议，该倡议主要关注有较大潜力成为团队领袖的员工，这份倡议引发了人们对于谁会参与其中的热烈讨论。

然后，轮到劳伦发言了。

劳伦外表健壮，头发红棕色，她神色从容，就好像这个团队中的老成员一样。她穿着托雷斯公司三个季度前发售的青灰色衣服，这样的着装巧妙地向人们暗示，早在布莱恩录用她之前，她与托雷斯公司已经有联系了。

"在过去几个月里，我复盘了我们的销售数据，访谈了我们的业务员并阅读了客户调查报告，"她说，"我们成立了专门的小组用来研究我们的竞争者，看看有哪些地方是我们还没做到位的，看看我们有哪些地方可以再进一步。"

"托雷斯公司现在处在凯歌行进的时期，在我看来，这样的时期里我们更应该放开手脚去尝试一些新的东西，"劳伦说，"我知道我是这里的新人，我并不了解我们全部的发展历程。尽管如此，我还是希望我们能够考虑引进一套新的产品线，以便吸引那些收入相对较少的青少年与成年人。"

我们非常钦佩劳伦那种敢于挑战团队偏好的勇气。从我们的视角来看，她的表达方式恰到好处：谦逊之余，信心十足。

不过，大家接下来的反应却并不令我们吃惊。他们的表情都凝固了，有的人面色阴沉。佩吉一脸震惊。苏珊惊掉了手中的笔。维多利亚直接看了一眼布莱恩。

苏珊是第一个恢复镇定的人，于是她给出了回答。"你看，"她说，"我很喜欢这种有进取心的想法，不过在座的各位如今都有点累了。我们花了六个月的时间才找到你这样合适的人。我们现在还没有足够的心力去接受那样大的一次变动。"

曼尼同意苏珊的观点，他补充说，托雷斯是一个高档的服装品牌。在他看来，进军低端市场就等于是自毁招牌。"当我们穿着自己公司的衣服时，我们和我们的顾客一样感到骄傲，"他说，"我们可不希望看到我们的产品出现在一些低价零售商的促销专柜里。"

劳伦努力解释道，开发新的产品线将会为公司打开一扇新的大门，这样就可以开发一个新的、从未涉足过的市场领域。她努力地摆出其他服装公司的案例来支持自己的观点，但是大家的反对声音显然比她更强。众人不停地批驳着她的这一想法，他们的语速已经快到听不清楚谁在说什么了。

"托雷斯的生产场地在美国，降价是不可能的。"

"我们的顾客钟爱我们的设计。我们不可能把同样款式的衣服贱卖出去。"

"美国制造，这是我们的品牌。"

"这根本不是我们公司的风格。"

"新开一条产品线简直就是自毁长城。"

"这会影响我们的名誉。"

从现在的情形来看，大家显然是在逃避，拒绝进行一场真正坦诚的对话，这种情况即便在忠诚团队中有时候也是会发生的。毕竟人无完人，在面对突如其来的事情时，团队成员们就像大多数人平时一样，都会做出恐惧的情绪化反应。不过卓越的团队可以很快摆脱这种状态，认真反思，进而挑战原有的观念与思维。我们知道，劳伦碰到的就是这样一个点，因为大家表现出的反对声音如此强烈、如此一致。她肯定是触及了一些早就该被质疑的东西了。我们非常欣慰地看到，劳伦在大家做出了那样的反应之后，竟然还能坚持到底。

在大家条件反射式回答的时候，劳伦就静静地坐着，一方面是由于大家不给她插话的空档，一方面是因为她没想到反对的声音如此强烈。

当佩吉说到"我们所标榜的品牌就是为顾客提供设计高端、制作精良的服装"的时候，劳伦有点坐不住了。

"你说什么？"劳伦问道，"我可不是说要抛弃掉咱们的品牌形象或者背弃咱们的价值观。我只是在想咱们有没有办法创造新的增长点、开拓新的市场，我们应该考虑一下的。等等，我好像漏了什么。布莱恩，你怎么不说话？之前是你让我把这事提出来的不是吗？"

大家都看向总裁。他的表情难以捉摸。他看了我们一眼，我们摇摇头表示爱莫能助。"这种讨论正是你们应该有的，你们应该很擅长应付这种局面。"

布莱恩表示同意。"你们看，"他说，"劳伦，我请你加入咱们团队，就是要带来新想法的，所以我当然希望这样的对话发生。不过诚实地讲，我了解的信息毕竟有限。过去两年的时间里我关注的焦点是公司运营，然后才通过竞选得到了今天的位置，然后我就忙着跟董事会打交道并且邀请你为团队助力。我还没有关注过托雷斯公司的新商机。不过我希望咱们团队能够寻找新的方法来增加业绩，提升我们的价值定位。我觉得这应该是我们的天性。"

在听了布莱恩的话之后，大家纷纷改换了坐姿，并说出了自己的想法。

佩吉向前探着身子，解释了她的想法。过去的两年时间里，她也过得紧张而忙碌，之所以能够一路坚持着走下来，完全是靠着希望在支撑，她希望有朝一日能够尘埃落定，团队能够重回正轨。

"我觉得我们才刚刚回到正轨上，"她说，"我觉得我们应该先平稳运行一段时间，所以你的想法让我没有防备，让我有点反应过度。"

"所以，"佩吉继续说道，"咱们从头开始，很抱歉我说了很无礼的话。那么说是不公平的，也不应该是我们相处的正确方式。劳伦，你的想法很重要，我真的很想进一步了解它。我很想听听你的调查研究结果。你得到了哪些信息？有利和不利的信息都有哪些？你有没有看到其他公司在这方面的成功案例呢？"

劳伦深呼吸，感谢佩吉的道歉以及提问。她向组员们继续介绍了她的调查研究成果，然后等待大家的回应。

曼尼最先开口，"哇，"他说，"真的很令人信服，我都想象不到这商机有多么巨大。"

劳伦回答了曼尼，随后一对一地与团队成员们交换意见，直到每个人都充分理解了她的想法。当人们在影响并引导他人思维的时候，谈话的热情高涨，节奏加快，音量也提高了。

维多利亚拿起一支马克笔，把劳伦的想法尽可能记录在写字板上。"我们需要知道哪些信息？"她问道。

"我们在美国本土如何尽量降低生产成本呢？"布莱恩问道。

"如果我们把增加产品线关联到为贫困学校提供运动服的活动，效果会怎样？"佩吉问道。

"我们有哪些原则是不可妥协的？我们是否允许在海外投资设厂？"曼尼问道。

"我们可以把哪家企业作为基准线呢？"苏珊说，"对于那些在类似业务上做得很好的公司，其他行业是怎么看待的呢？"

眼前的景象令我们倍感振奋。团队成员们一个个都无条件地彼此信任，都放下疑虑，并把各自部门的安排暂时放在次要位置。随着大家对眼前可能的商机进行探讨，会议开始时的那种剑拔弩张的气氛早已烟消云散了。

两三个小时之后，他们列出了清晰的表格：已知的信息有哪些，需要了解的信息有哪些，到哪里可以找到必要的信息。于是他们达成一致，暂时搁置讨论，等到几周之后，每个人都完成了眼下工作的时候，再回来讨论这一话题。

布莱恩感谢团队成员们的努力，他说，"今天这场讨论是艰难的，也许是我们进行的最为艰难的讨论之一。"他转身看向我们，"那么，我们接下来要怎么做呢？"

从我们的视角来看，他们做得很不错，但更重要的是讨论的参与者们体验如何。通常我们会向团队成员们提问，我们首先问了几个常规的问题：

这场讨论一开始如何？

在讨论过程中发生了哪些变化？

是不是每个人都觉得讨论很艰难？

有没有谁觉得自己在讨论中的某个时间点上受到了裹挟？

每个人的核心观点是什么？

你们的行为是否像一个忠诚团队？

众人的回答是一致的。每个人都觉得自己的声音基本上得到了倾听。劳伦说，在讨论一开始的时候，她的内心并不坚定，她当时担心自己犯了什么错误。

"当每个人都表示反对的时候，感觉就像我在跟一群保守派讲话，就好像你们都受到了某种禁制，只能说是或否一样，"她说，"我很清楚，无论说是还是说否，都为时尚早。我觉得这不是我一心加入的那个团队，也不是当初那么认真考察我的团队。我觉得一定是我搞错了什么。"

人们纷纷点头。团队里的老员工们意识到他们才是把事情搞错了的人。他们在那一瞬间，忘记了忠诚团队的成员是要开诚布公地讨论，是要保持好奇心的。这种团队的成员们总是能够想方设法彼此扶持，他们知道，辩论并不是一场零和博弈 ①。

进步的历程并不是非此即彼的。公司的高管团队也并不会因为讨论的胜利或是失败就产生分裂。团队的成员们无论如何都是要团结一致的。

劳伦的大胆提议引发了团队中的紧张情绪。于是团队中的其他成员们以各种方式，不约而同地表达了反对——他们都心怀恐惧。他们担心贸然接受一个陌生的观点要冒很大的风险，他们担心自己将会为此付出很大的代价，担心这个新观点将会损害公司的品牌声誉和价值观。他们害怕失败，无论是个人的失败还是团队的失败，都让他们害怕。所以，他们本能地说不。

劳伦感受到这种抗拒的情绪，她几乎要举手投降了。

"我想过要说'好吧，你们赢了'，"她承认道，"但是当我邀请布莱恩加入谈话的时候，他能够认真对待我的想法，这让我的感觉开始好转。随后，大家都开始认真讨论。佩吉，当你为之前没有认真听我说话而道歉的时候，局势真的逆转了。"

忠诚团队之所以能够与众不同，靠的就是这种品质。团队成员之间是允许出现不同意见的。他们可以热衷于各自的岗位，他们可以感到恐惧、愤怒或者沮丧——也可以是三者兼具。但是即便忍受了各种负面的情绪，他们也还是能够参与到讨论中。

忠诚团队的成员，不会摔门而去。他们不会强行终止谈话。他们不会把任何人排除在讨论之外。他们一心想要的，是群策群力，找到问题的解

---

① 译者注：零和博弈是博弈论的一个概念。在零和博弈中，参与者彼此严格竞争，不存在合作的可能，因此一方的收益必然意味着另一方的损失，各方的收益和损失相加总和为"零"，所以叫作"零和博弈"。简单地说，就是"损人利己，此消彼长"。一般认为，零和博弈是"合作共赢"的反面。

决之道。

面对劳伦的提议，托雷斯公司高管团队并没有给出非常明确的回复，而劳伦也并不急于获得这样的答复。她想要的，只是打开探索之门，只是确保伙伴们能够支持她。

我们请托雷斯公司高管们思考，这次讨论是否让他们发现了一些不一样的东西。

维多利亚首先发言。"我对我们团队的坦率感到惊诧。大家真的是大胆探索，畅所欲言了，"她说，"一直以来，我之所以信服布莱恩，只是因为他是我的上司而已。但是我不知道我这种想法是不是懒于思考的表现。如果我服从他的决定，我就可以按部就班干我的工作了。我觉得我应该以劳伦为榜样，我也应该敢于探索。"

"她才刚刚加入我们的团队，居然就能够相信这个团队会支持她。"维多利亚补充道。

"当然咯，"佩吉说，"我们可能会遭受质疑，讨论可能会变得针锋相对，但是我们并不是非要争辩出个对错来。那不是我们想要的，对吧？"

在场的每一个人都表示同意。布莱恩面带微笑，一切尽在不言中。

我们认识布莱恩已经很多年了。最开始认识的时候，他刚刚被提拔为集团的首席运营官。那时候他在会议上也是很保守的，就像维多利亚今天这样。不过多年以来我们见证了他在业务能力上的成长，见证了他战略思维能力的增强，也见证了他对团队协作的求索。我们还见证了他对重大决策的深思熟虑，看着他设法让整个团队的成员都参与到这种深思熟虑中来。

今天的这次会议，只是布莱恩上述成长中的某一个瞬间而已。他之所以请我们过来，只是因为有些事情并不能完全确定。他想知道，在经历了组织架构的重大变更之后，托雷斯高管团队是否还能以当初那样的生机活力去服务公司。

我们知道，这是完全可以的。团队的人员构成总会改变，总会有人来，有人走。但是团队运行的机制却可以一直存续下去。

忠诚团队在某些方面有非常显著的、确凿无疑的共同点。也许团队中并非所有人都是忠诚分子，但是忠诚团队的属性、特征以及行为模式造就了忠诚团队，同时也会让团队在经历了人员的变更之后本色不改。

我们总结了托雷斯高管团队的一些共识：所谓忠诚团队，就是一种持久不衰的团队合作关系；忠诚团队能够将最难讨论的话题摆上台面，也能够在讨论陷入困境的时候坚持不放弃。而托雷斯公司高管团队，正是这样做的。

忠诚团队是敢于提出不同见解的

忠诚团队总能够产出非比寻常的成果。他们是能够让我们铭记终生的团队。在这样的团队里，我们尽己所能，发挥最大的创造力，直面挑战，超越预期。

忠诚团队具有以下特征：

· 你坚定不移地相信自己的伙伴，他们对得起你的信任，你也对得起他们的。

· 你总是假设他人的动机是积极的。

· 团队成员之间，总是当面讨论而不是背后议论。

· 团队成员之间彼此督促：低效能是不被容忍的。

· 团队包容你，即便在你犯错误的时候。

· 你们团队中存在智慧的冒险和创新。

· 团队习惯于直面残酷的事实。

· 你们合作很愉快。

· 每天你都可以做最真实的自己，全力以赴地工作。

忠诚团队创造价值而秘诀在于：

· 永远不安于现状。

· 团队成员之间相互督促，把工作做到最好。

· 遇到冲突直接讨论，而不是任其发酵。

· 永远将公司利益放在第一位。

· 成员参与感非常高，业绩优秀。

· 团队创造力呈指数级增长。

如果你是忠诚团队的领袖：

1. 不要让团队安于现状。

你们最大的风险就是坐享其成。建设一个忠诚团队，并不是努力的终点，而是一个持续的过程。团队的外部环境不是一成不变的，所以团队一定要变革，要成长。要不断发问："我们如何能够确保团队越来越好？"要不断激励成员们思考今后可能会遇到的情况。

2. 学会学习。

时时提醒员工们：挫折是学习的契机。要让团队成员们放心大胆地冒险、探索。鼓励团队成员彼此倾听，彼此学习，当然也要听取团队外部的意见。要引进新的、不同的观点，在必要的时候，挑战传统观念。

3. 推而广之——提升其他团队领袖的能力。

如果你的团队通过不懈的努力、学习成了一个忠诚团队，那么恭喜你！接下来，你需要帮助兄弟团队的领袖也掌握相应的技能。你有没有帮助其他的团队领袖，使他们从你的经历中获益？你有没有帮助他们培养起建设忠诚团队的能力？

4. 鼓励团队成员开诚布公，无所隐瞒。

一旦团队状况良好，成员之间关系密切的时候，就可能出现保留意见的倾向。请记住，真正牢固的关系是不会因为激烈讨论而瓦解的。

5. 不要依仗忠诚团队的优势去欺凌别的团队。

你的目标是让整个公司成为一个忠诚团队。不要为了把自己的组员团结在一起而将公司内部的其他团队看作"共同的敌人"。要为其他团队树立榜样，让他们与你们一道建设忠诚团队。

如果你是忠诚团队的一名普通成员：

1. 督促伙伴的工作。

不要等着你的上司去解决问题或者承担困难。要坚持提供反馈——无论是正面的还是负面的。要督促你和你的伙伴们坦率发言，敢于讨论那些"不方便讨论的"问题。

2. 保持好奇心，热衷于学习。

不忘初心。有哪些新见解可能是有价值的、值得你去考虑的？还有哪些办法可以帮助你扬长避短，发挥自己的最大优势？你们的团队是否太过于保守了？一定要确保团队没有陷入"集体智慧"的陷阱，不要一味相信集体的智慧总是正确的。

3. 承认失误并从中学习。

犯了错误不要逃避，要勇于承认。当别人犯错的时候，要从中汲取教训。要帮助团队营造一种敢于直面事实、彼此学习、坦诚相待的风气。

如果你做到了以上描述的事情，如果你所在的团队正是一个忠诚团队，那么你应该知道自己为之付出了多少努力——你应该为自己的成就而骄傲。没有持续的探索，没有矢志不渝的坚持，就没有卓越的团队。团队建设如逆水行舟，不进则退，只有始终如一，砥砺前行，才能够立于不败之地。你们要继续努力——对种种假设提出质疑，伙伴之间相互辩论，提供坦诚的反馈——你们将会取得只属于最高效能团队的业绩。祝贺你们，请继续保持！你们是凤毛麟角的卓越团队。

7

关于团队的真理

有些团队能够表现出色，有些团队则不能。而大多数情况下，无论团队表现如何，其成员们往往难以给出清晰的解释。

每当一个团队遭遇失败，它往往会分裂成众多小派系，其中充斥着怨念与困惑。这种情况随处可见：比如在橄榄球赛中，前锋队员会埋怨四分卫抛球太迟；四分卫则会把埋怨推给稍有失误的外接手，而外接手又会把责任重新推卸到前锋身上，指责他们放任对手横冲直撞突破己方防线。每个人都站在对自己有利的位置，挑着别人的毛病，把埋怨推给别人。

在任何一个团队中，成员们都很难跳到局外，去从宏观的角度观察，也很难找到真正值得注意的问题。在没有统计数据也没有即时回访分析的情况下，团队根本找不到重点，只能眉毛胡子一把抓，或者只能摸着石头过河，从失败中积累经验。

我们之所以创立忠诚团队三视图理论模型，就是为了防止这种局面再度发生。我们的三百六十度评估体系使得我们能够从各个角度审视一个团队，并了解团队的倾向、特性以及特征。该评估工具也会为人们提供一个广泛的、宏观的视角，去审视各行各业中那些形形色色的团队。

在我们对一个又一个团队进行了测试之后，我们将收集到的数据储存在数据库中。每当我们评估过了一定数量的团队并形成有效的样本数量之后，我们就会进行数据分析并从中寻找理论模型。我们对纷繁芜杂的信息做细致分析，寻找藏在表象下的讯息。我们找到了。

人际关系很重要

在消极怠工型团队、良性怠工型团队、情境型忠诚团队以及忠诚团队四者之间存在的一些差异，取决于几项因素，但是其中最重要的就是人际关系。团队成员之间的人际关系在团队类型差异的形成中至少占到了70%的比重。

如果你想要预估一个团队的工作效率，那就看看团队成员的关系如何吧。员工的人际关系质量是团队的最佳风向标，预示着该团队是会成为一个高效能的忠诚团队，还是一个价值毁灭的消极怠工型团队，还是一些居于中流的其他类型。

卓越的团队，其建设往往始于卓越的人际关系。无论你雇用一群本就出色的员工，还是通过培养使他们变得出色，两种方法都能让团队走得很远。但是数据表明，无论选择哪一种途径，激发团队潜能的努力方向都只有一个：努力加强员工的人际关系。在对团队效能的预测过程中，人际关系的比重要大于领导力的强弱、团队集体行动以及团队成员的工作心态。

根据我们的数据，在那些最出色的团队中，其领袖都会营造出一种追求卓越的氛围，团队的每位成员则通过坚守卓越标准来支持并维系这种工作氛围。

换句话说，没有人能够置身事外，没有人能够消极对待一切或者忽视自己作为团队一分子的职责——只要他希望成为忠诚团队的一员并收获胜利的果实，他就绝不会如此。无论你是团队中的领袖人物，还是资深老手抑或是新人乍到，只要你希望推动自己的团队前进，那就应该着手加强自己与团队成员之间的关系。

忠诚团队，首先是由忠诚合作的人际关系组成的。这听起来可能有点老生常谈，但是我们可以从另一个角度去设想：如果你不愿意建设忠诚合作的人际关系，你也就无法建立起一个忠诚团队。这里的人际关系指的是那种一对一的关系，是那种双方都假定对方怀有积极的动机并扩展信任的关系，这是一种互信互惠的关系，能够让每个人在必要的时候分享信息并相互支援。双方都应该把团队的目标放在最重要的位置。双方都应该致力于促进彼此的成功。

要组建一个忠诚团队，那就必须使所有成员都参与其中。正因如此，忠诚团队的建设是一项集体协作任务：即使是团队领袖，也无法掌控团队的所有人际关系。每个人能够掌控的，也仅仅是人际关系中属于自己的这一段罢了。每当我们与客户团队合作的时候，我们总会建议每位团队成员首先从反思并承认自身的行为做起。

所以说，人际关系是一个很好的切入点。无论你的团队之前是什么样子，你都可以首先分析你与团队其他成员之间的关系，并着眼于那些需要修补的部分。这是一个撬动团队整体效率提升的最有效的杠杆。

如果你身处于一个消极怠工型团队之中，那么请思考你所参与的消极怠工型人际关系有哪些，并思考如何去改善它们。请扪心自问：你是否做到了以积极动机去假定他人，是否做到了扩展信任、共享信息？如果每个问题的答案都是否定的，那么显然你自己就是团队中的消极怠工分子。那么就从改变自己开始吧。

如果你的团队是一个情境型忠诚团队，那么你可以思考你的人际关系有哪些薄弱的地方，想一想曾经在哪些时候你没能够获取队友的信任。那么你就可以努力让这些关系变得更加牢固，培养其忠诚合作的特质。

做出改变并非易事。我们很了解这点。如果"努力加强人际关系"这样的说法显得太过笼统，没关系，我们通过对数据的深入研究发现了那些卓越团队用来维系团队成员关系的一些特定的行为。如果你的团队还不是一个忠诚团队，那么你可以循着他们的指引前进。

制定一系列操作规范并亲身践行

好的团队拥有一系列的行为规范，可以明确指出工作中的种种规则，在这一点上，忠诚团队的完成度是消极怠工型团队的 73 倍。你可以与队友们共同创立一种能够反映理想团队文化、适合你所在的行业以及你们希望达到的目标的、独特的规范。

在本书 3 到 6 章中，每一个团队都曾建立自己的一套行为规范，你可以以他们为参照，创立属于自己的行为规范。通常，这套行为规范包括以下几条：

我会主动分享信息。

如果有问题，我会直接去问而不是暗自猜疑。

有问题我会当面找你谈而不是背后议论你。

我会让自己达到团队的高标准。

我会为自己的想法负责，确保大家听到我的意见。

一旦你和你的伙伴们建立起一套行为规范并达成了一致，你还需要进一步的行动以真正促进团队协作生效。你需要为这些规范的实行加入一些强制措施。当团队中有人明明同意行为规范却没能践行的时候，其他人必须要及时指出其错误；每当有人违反规则或者打擦边球的时候，一定要让他承担相应的后果。

每当团队中出现了无法容忍的行为，应该有人对此做出迅速及时的反应。在这一点上，忠诚团队完成度是消极怠工型团队的 125 倍，也是情境型忠诚团队的 7 倍。

不仅如此，在忠诚团队之中，员工们不会坐等领导来帮忙。在四种团队类型中，忠诚团队是唯一一种其成员之间相互督促而不是过分依赖领导的团队。

拓展信任

信任别人是需要冒一定风险的，所以非常重要的一点就是要理解团队成员之间的信任究竟意味着什么。在高效能的团队中，每个人都相信其他人的动机是积极的。举个例子吧，在托雷斯服装公司管理层团队中，有两位成员为了一个职位而展开竞争——二人都非常看重这一职位。布莱恩和海伦为了争夺团队的最高职位而展开角逐。然而，即便两个人都想登上总裁的宝座，两位与其他团队成员之间却依然能够保持忠诚合作的关系，因为大家都相信，所有人的目标是一致的：实现公司可持续的成功。

当布莱恩向托雷斯服装公司董事会做报告的时候，海伦清楚他的行为可能会让自己无缘总裁之位，但是她依然相信布莱恩的动机并不是针对她个人的。他所做的一切都是为了促进公司的业绩，这一点上两人没有区别。当海伦带领她的团队实现了两位数的销量增长的时候，布莱恩知道，他也会从海伦的成果中受益，即便到最后海伦被选为新任公司总裁，而自己仍旧只是个首席运营官。

多年以来，在公司的整个过渡时期内，托雷斯服装公司的高管们始终坚持建立并维系彼此之间的信任。当我们回顾我们研究过的所有团队数据的时候，我们发现类似的例子不止托雷斯团队一个。好的团队会努力建立并维系信任，在这一点上，忠诚团队的完成度是消极怠工型团队的 47 倍。在信任的建设上，忠诚团队也是情境型忠诚团队的 13 倍。

通过数据分析，我们也弄清楚了为什么信任如此重要：忠诚团队在花时间探讨、讨论问题以及合理决策的方面，完成度是消极怠工型团队的 292 倍之多。

如果一个团队的成员彼此足够信任以至于能够畅所欲言地探讨意见并开诚布公地讨论问题，那么他们绝对有更大的可能得出可行的解决方案并做出正确的决策。在消极怠工型团队——例如在马特领导下的北极星金融服务公司洛杉矶分公司团队——员工们人人自危，但求明哲保身，即使是看到了公司业务偏离了轨道，也不会指出问题。如果一个人自身难保，他就不敢说话也不敢帮助别人。

在个人的层面上，信任可以让人有一定的空间以及安全感以便寻求他人的帮助。好团队的员工在寻求他人帮助的时候应该无所顾虑，在这一点上，忠诚团队的完成度是消极怠工型团队的 27 倍，同时也是情境型忠诚团队的 2 倍之多。

学会进行一些艰难的谈话

即便是在最优秀的团队中，也会出现个体的分歧。有时候这种分歧还会变得很严重。如果团队中的每个人都热切关注着自己的工作，那么偶尔就会在工作前景观点方面出现分歧。冲突是不可避免的。但是最高效能的团队都清楚他们应该如何解决冲突。不过差一点的团队就未必知道了。

有些团队存在着一些"禁止讨论"的雷区，在这一点上，消极怠工型团队是忠诚团队的 40 倍。这些话题禁区可能包括某些想法、事件。良性怠工型团队也常常会回避一些难以讨论的话题。

举个例子吧，在 G·斯特里特科技公司团队，当东西海岸的两个团队最开始共处一室的时候，没有人愿意说出一件大家都心知肚明的事实：即便在企业兼并结束了十二个月之后，这两个从前互为竞争关系的团队也还是没有凝聚成为一个协调的整体。来自马斯科技团队的员工尊重他们在 G·斯特里特科技公司的新同事，而 G·斯特里特科技公司原有的员工们也都相信公司从马斯科技公司获得的这部分员工是非常出色的人才。但是双方团队中仍然没有任何一个人敢站出来说："我们目前各自为战，我们

需要打破

隔阂。"

只要公司继续以这种沉默的双塔结构运行下去,那么这群全世界计算生物学领域最为出色的天才们就难以取得新的成就。他们甚至误了工作时限并开始遭受股价下跌的损失;直到最终在那个场外团建活动的会场,经过为期两天的艰苦努力,他们终于学会了把一些尖锐的问题摆到桌面上,开诚布公地讨论。

一旦整个团队学会了讨论造成他们分裂的原因了,他们也就会很快开始讨论如何解决问题。他们最终得以弥合众多分歧并重新回到工作中来。这个过程是需要时间的,其间往往伴随着阵痛——或者换用简的说法,"事情并不像童话里那么美好"——但最终他们还是朝着忠诚团队的方向前进了。在随后的日子里,该团队又朝着高效能目标勇敢地迈出了最后一步。

G·斯特里特科技公司的成员们开始了跨团队的交流并开始讨论一些先前难以言说的问题,于是他们立刻变得更加直率,并学会相互给予真诚的反馈。这种对话一点也称不上轻松。不过忠诚团队就是能够完成这种艰难的任务。为了达成较高的业绩目标,团队成员们会相互质询,在这一点上,忠诚团队的完成度是消极怠工型团队的 103 倍之多。而在提供直率的反馈方面,前者则是后者的 106 倍。

管理层也非常重要

一个团队到底归属于四种类型中的哪一种,管理层在其中扮演了最重要的角色。在考虑了人际关系给团队带来的影响之后，区分消极怠工型团队、良性怠工型团队、情境型忠诚团队以及忠诚团队四者最重要的标志就应该是领导层的影响了。

领导们的职责，就是制定人人都能理解的规则，就是根除团队中那些具有破坏性的行为并以身作则为团队做贡献。

当然那些最高效能的领导者们还会做得更多。他们会营造一种激励人心的团队氛围，鼓励团队中的每个人敢于尝试，并从失误中汲取教训。如果一个领导者能够做到这一点，那么他建立忠诚团队的概率是建设消极怠工型团队的 111 倍。当然他也就更可能确保每一位员工都能理解团队的目标以及远景。

举个例子，在 ATR 汽车零部件生产公司北美销售团队中，凯瑟琳集合了一批经验丰富、干劲十足的专业人才。她确实展现出了自己对工作的认真负责，她的做法就是每当有团队成员找到她讨论问题的时候，她都会一对一耐心帮助，毫无限度地帮他们排除各种困难。然而，即使是在不缺乏能人以及干劲的情况下，她的团队却依然屈居二流团队之列，只能算作一个情境型忠诚团队。在更好的可能性面前，ATR 销售团队的领导没有甘心维持现状。每一位团队成员都希望建设一个忠诚团队。

凯瑟琳将团队成员全都召集在一起，并确保所有人都理解了团队共同需要完成的工作，以及只有共同协作才能够达成的目标，从那一刻起，他们的团队完成了一次飞跃。她指导团队成员们彼此交流，分享最佳经验，在过来找她寻求帮助之前先互相排除故障。当我们第一次会面之后过去六个月时，我们再一次见到了凯瑟琳以及她的团队，我们邀请他们再次填写忠诚团队三视图问卷，结果表明他们已经是当之无愧的忠诚团队了。

我们从评估数据中看到了他们的进步，我们相信其他人也能够见证团队的成长。

投资者所知道的比你想象的要多

很多团队常常以为他们就像拉斯维加斯（Las Vegas）一样：在团队里发生的事情，只会留在团队里。[①]

实际上，消息的传递要比他们想象的透明得多。

在股东成员中，有些人是团队在企业内部的客户，有些人则是团队的直接汇报对象。他们当中有些成员隶属于信息沟通部门，向投资人分享最新信息是他们的职责所在，他们当中还会包括必须与监管者协同工作的监察部门成员。这些人没有一个不关注团队的工作效益，在众目睽睽之下，团队的一举一动都无所遁形。

当股东受到邀请对一个团队进行评估的时候，忠诚团队被股东判断为高效能的概率是情境型忠诚团队的 46 倍之多。而消极怠工型团队与忠诚团队相比，二者的评估结果简直就不在一个量级，甚至可以说是天差地别了。

在被判断为高效能团队的概率上，忠诚团队是消极怠工型团队的

———————

① 译者注：拉斯维加斯是美国著名的"赌城"，有些人来这里赌博都会留下不愉快的回忆，出于安慰，他们会说：发生在拉斯维加斯的事情，就留在拉斯维加斯（What happens in vegas stays in vegas.）。这句话用来形容人们对不愉快经历闭口不提。

2000 倍。嗯，没错，2000 倍。

相比于消极怠工型团队，忠诚团队具有的优势数据如下：

花费时间探讨、讨论问题并进行决策的概率，292 倍。

团队领袖营造积极氛围、鼓励员工进行明智的冒险并从失败中汲取教训的概率，111 倍。

团队成员向其他伙伴提供直率的、有时候甚至并非乐观的反馈的概率，106 倍。

团队具有非常明确的、成文的工作目标的概率，55 倍。

致力于建立并维系信任关系的概率，47 倍。

表明自己致力于团队伙伴的成功的概率，35 倍。

当遇到困难或者疑惑的时候能够心无顾忌彼此寻求帮助的概率，27 倍。

维系一个忠诚团队

忠诚团队之所以能够持续产出卓越的工作成果，是因为这类团队的成员彼此之间都努力维系着忠诚合作的关系。

正如我们在这本书的开头部分所说，忠诚团队所具有的一些特质和特征，是可以被明确描述的，也是可以被复制的。这些团队中的每一个人——无论是团队领袖还是普通员工——正是习得了这一系列行为模式并且孜孜不倦地践行这些行为。他们清楚，自己偶尔也会犯错，也会让彼此感到失望，也会无法完成某些目标，毕竟人无完人。但是忠诚团队的员工们总是相信他们能够回归正轨。

如果你也想要维系一个忠诚团队

1. 无条件相信你的队友。

团队成员之间的互相扩展信任不以要求对方表忠心为前提。他们只需要同甘共苦就足以证明彼此的信任。

2. 积极揣测动机，如果对他人的动机心怀疑虑，那就去提问，直到疑虑消除为止。

发问，对每一位团队成员而言都是有好处的。如果对同伴的行为动机怀有疑虑，他们可以通过发问，用自己的判断力去得出答案，而不是听信别人关于这个人行为动机的流言蜚语。在忠诚团队中，如果一位成员对另一位成员的行为感到不理解，他就会直接找到这个人去问，而不是暗自猜疑或者找第三者窃窃私语。

3. 有问题直接找人当面谈，而不是背后议论。

团队成员应该当面讨论问题。他们不应该参与到传闲话的活动中，而应该选择以一种有教养的、及时的方式来解决分歧。每位成员都应该向其他所有成员展现出自己的忠诚。

4. 关心同伴的成功，就如同关心自己的成功一样。

团队成员们应该花费时间相互帮助相互扶持。每当同伴有一些问题或者挑战难以独自克服的时候，他们应该及时介入提供帮助。每个人都应该适当做出牺牲并提供真诚的指导，以帮助同伴学习成长。

5. 将团队整体目标放在高于个人目标的位置上。

有时候为了能够让整个团队达成最终的目标，团队成员们可以牺牲一些资源甚至是个人的荣誉。每个人都应该控制自己的偏见，并着眼于团队目标的更广阔视角，只有这样，整个团队才能够相信成员融入了整体。

6. 督促你的同伴做到最好，同时也期望他们同样地督促你。

为了达成共同目标，有时候队员之间需要相互督促。没有人愿意让团队失望，所以他们往往更加努力，不断超越自己。忠诚团队的成员们不需要为自己的安全担忧，所以他们能够勇于冒险，追求卓越。

7. 与团队成员们坐在一起讨论最棘手的问题，直到问题完全解决再离开会场。

团队允许成员们进行激烈的争论。他们可以讨论最棘手的业务，可以讨论团队存在的问题，他们需要说出自己的观点，并就不同意见进行探讨。最终一旦达成一致，就要共同遵守。

8. 向同伴提供反馈，即便有时候忠言逆耳。

团队成员彼此之间提供直率的反馈。每个人都同意将最残酷的事实直言相告，只有这样，每个人才能够改正错误并改进自己的工作。

8

如何让你的团队变得强大

时至今日，我们已经可以毫不犹豫地承认，我们醉心于卓越团队所具有的巨大威力。在过去的几十年中，我们曾经担任过团队的参与者、团队的领导者、团队的咨询顾问，最终又成为钻研团队每一个细节的研究者——我们研究过那些能够创造出难以想象的成果的、最出色的团队，也研究过那些令人叹惋的、混乱低效的、时时造成价值毁灭的团队——我们可以完全肯定地说，忠诚团队就是能够激励人们全情投入并努力做到最好的团队。

所以我们要请读者思考一个问题：如果可以有更好的选择，那为什么要勉强接受现状呢？

如果你要为一个团队效力——我们几乎人人如此——那为什么不去为一个忠诚团队效力呢？同样是在公司上班，每周度过那么多个小时，那为什么不让这段时间变得更加精彩呢？

然而不知有多少次，我们看见一些团队由于某些原因拒绝了更好的选择。

在阻碍团队进步的原因中，有一种原因 ① 是建立在错误的逻辑上的。有时候我们也会遇到这样的一些团队领袖：他们对自己的团队确实有所研究，但是却得出了错误的结论，并培养出了一种残酷无情的企业文化，结果搞得员工们人人自危。这样的团队领袖们错误地认为，那种"如果我赢，那你就输"的思维观念能够激发出人们的最佳状态。他们相信这样做能够促使团队提高效率，而结果往往相反。这样的思维观念可能有利于团队中的某一个人，但同时也会打击团队中的更多人，整体上是弊大于利的。

诚然，我们知道，忠诚团队的成员们应该具有高度的竞争意识和能力，但是团队成员更应该发挥自己的竞争力以帮助同伴们得到最大程度的提升。他们真正要做的是齐心协力去击败那些来自企业外部的、真正的竞争对手。

我们曾经遇到过几位团队领袖，他们这样说："我喜欢让手下员工们彼此心里不平衡、互相看不顺眼。有时候我甚至会煽风点火，助长他们彼此之间的妒忌情绪，就是为了让他们保持斗志、互相竞争。"

这样的内部竞争可能会让员工不停地彼此掣肘，但却难以促使整个团队取得任何建设性的成果。那些最为卓越的团队之所以能够取得业绩上的提升，是因为他们的团队成员绝不会坐视同伴的失败而不理，他们彼此督促，共同为团队的业绩而负责。

另外一种导致团队效率低下的常见原因，则是团队领袖们低估了忠诚

---

① 译者注：此处原文是 Another reason，本应译作"另一种原因"，但是纵观全篇，此处是列举的第一条原因，所以应该译成"有一种原因"，而下文的其他原因才应该译作"另一种原因"；此处的原文疑应为 One reason，可能是原书有误。

团队建设的价值与作用。正因为他们对团队建设的产出估计不足，所以他们对团队建设的投入也就相应地减少。要想建设并维护一个忠诚团队，就必须培养内部员工之间的人际感情，并为团队建设付出认真的、持续的努力，然而很多团队几乎没有多少时间甚至根本不愿意花费任何时间来做这件事。他们也会花时间来讨论发展战略，可能还会安排团队聚餐或者外出打高尔夫球等娱乐项目。但是他们用在团队自身建设上的时间几乎为零。这样做的后果也就可想而知了：团队成员之间的矛盾迟迟得不到解决，团队成员目标不一致，团队愿景不明朗。这样的团队充其量也只能维持其低产能的工作状态（良性怠工型团队），或者更糟的是，堕入消极怠工型团队的深渊。

还有一种能够导致团队丧失活力的原因，就是人们往往不了解优秀团队建设的具体方法，觉得这是一种庞杂而艰深的学问。很多时候，团队的领袖们能够意识到团队的产能低下，也想要解决问题，但是他们就是不知道该从什么地方着手，更何况企业外部强敌环伺，每天总会有一大堆更为紧要的工作事项摆在面前。这样一来，团队建设工作就会被暂时搁置在一边并无限期地一推再推。

那些效力于低效能团队的员工们往往意识不到自己还可以努力让境遇变得更好。他们想当然地以为，一个员工遇到的是卓越团队还是糟糕团队，完全是运气问题。如果他们恰好处于糟糕的团队里，那么他们就会盼着有一天能够熬过这段苦日子——或许是那位残暴的上司高升调任，或许是团队中的害群之马被开除。无论什么样的坏事发生，他们都会选择被动等待，祈祷坏日子有一天能够自己结束。

但是，每个人都有权做出选择。

我们之所以一定要写出这本书，就是为了让读者朋友们能够亲身践行这种选择的权利。我们坚信，每个人都应该拥有一段精彩的团队工作体验，今天是如此，今后也应如此。我们想要为这种卓越的团队体验定名，并阐明团队成功背后的逻辑原理。我们希望解构团队建设的各个组分与环节，以便读者能够下定决心去改善自身团队并且能够清楚地知道自己需要采取哪些行动以达成目标。

我们不希望各位今后在回忆起自己的最佳团队体验之时，只能拿高中时代的运动会作为唯一的美好记忆。虽然我们知道，即使是实力较弱的队伍在遇到危急之时也会团结一致，但我们并不希望读者朋友只能在危机降临之时，才有机会领悟到身为卓越团队一员的效能感与畅快心情。

我们每个人在职业生涯中，都曾先后效力于若干团队。我们三视公司的四位创始成员本身也是一个团队。而当我们中的任何一人与客户团队合作的时候，我们也会融入他们的团队中去。我们向他们介绍忠诚团队的特征以及性质，并告诉他们达成这一目标应该采取哪些必要的方法。而我们的客户们也提供了相应的回报。通过他们的帮助，我们看到了忠诚团队模型在不同行业领域、不同企业团队中的应用情形。通过他们，我们也学会了如何以不同的方式去阐明、贯彻并传授关于优秀团队建设的相关课程。很多客户以他们的行动和语言启发着我们。

我们见过的所有客户都会持有同样的一种想法：忠诚团队的建设绝非易事。忠诚团队要求团队成员们所做出的行动，可以说是有一定风险的，同时也需要认真地投入时间和精力才能够完成，此外还需要一定的勇气作为支撑。

所以说，如果你对这样的一番艰苦努力心存犹豫，我们能理解。甚至如果你怀疑自己是否打算为一个忠诚团队的建设而承担起这份责任，我们也会尊重你的意见。但是请不要忘了：在消极怠工型团队里做事同样也是一份苦差事。在这样的团队里，人们把大量的精力都用于提防他人，用来保护或者争夺资源，用来摸索潜规则，以及思考如何利用潜规则来为自己服务。

如果一个人供职于良性怠工型团队，那么他需要消耗的精力可能会稍微少一点，但是这样的日子是孤独的、无精打采的。由此而产出的工作成果也一定是乏善可陈的。即便是在情境型忠诚团队之中——在这种团队中存在零星的牢固人际关系以及信任——你仍然无法将全部的精力与才干投入团队工作中。

总的来说，一个团队很容易陷入混乱与负面情绪，也很难走上正轨，因为毕竟组成团队的成员们各自怀着不同的信念、担忧、处世哲学以及习惯，这些因素可能会与团队相融合，也可能不那么相融。

但那又怎样？

难道你会用上述的因素作为借口，说服自己勉强留在一个让你不开心，又不能帮助你达成事业目标的团队中吗？

我们所钟爱的事业，我们最坚定的愿望，就是希望读者朋友们以及你们的团队能够天天向好。所以还是那个问题：为什么不去争取更好的可能呢？

我们拥有你所需要的工具。那么现在请行动起来,建设你理想的团队吧!

/// 鸣谢

感谢我们的丈夫：比尔（Bill）、尼克（Nikk）、斯科特（Scott）和蒂姆（Tim）。没有你们始终如一的爱与支持，就不可能有我们所热爱的事业——三视公司的成功，也不可能有这本书的问世。

感谢我们的孩子们：亚当（Adam）、亚力克斯（Alex）、奥尔西娅（Althea）、安娜丽斯（Annalise）、阿奇（Archie）、德鲁（Drew）、伊恩（Iain）、乔希（Josh）、南森（Nathan）、萨姆（Sam）和瑟里（Seri），以及我们的家人们，感谢你们一直不遗余力地为我们加油喝彩。

感谢巴布·波默罗伊（Barb Pomeroy），感谢您坚定的奉献、支持与友情。在我们成功的每一步上，您都功不可没。感谢斯科特·贝克（Scott Baker），我们感谢您的研究成果、您的聪明才智与专业学识，正是这些帮助我们塑造了忠诚团队模式。感谢我们的三视公司团队，感谢你们所有人每天都在践行着忠诚团队原则，感谢你们以非凡的才智，将我们的奋斗故事与多年来的集体智慧转化成最引人入胜的、鲜活的文字。你们的才能让我们深为感动和感激。

感谢梅尔·帕克（Mel Parker）和克林·劳里（Colleen Lawrie），感谢你们对我们的信任，感谢你们的指导，感谢你们督促我们达成超出预想的成就。感谢梅丽莎·韦罗内西（Melissa Veronesi）和贝丝·帕廷（Beth Partin），感谢你们对书稿做的梳理工作，让我们的著作显得更加有智慧。

感谢一路与我们同行的众多朋友们，感谢你们成为我们人生经历当中特别的组成部分。是你们让我们的人生旅程更有价值，我们对此深表感激。感谢在我们的职业生涯中曾经与我们合作过的以及曾经与我们共事的团队领导者们，是你们让我们看到了在建设卓越的团队和机构过程中所需要的品质，我们对此深表感激。是你们给了我们灵感，正是由于你们的启发，我们才得以成长为更加出色的领导者、咨询师和业务精英。

感谢我们的客户们，你们正是这本书的主人公，是你们让我们每天都有工作的动力。

最后，感谢所有愿意花时间阅读这本书的读者，我们为您创作这本书，因为一个好团队，是我们人人都值得拥有的。